以石入画 天津市蓟州区西井峪村的自然、文化、聚落与更新

郝卫国 于坤 牛瑞甲 著

天津大学出版社
TIANJIN UNIVERSITY PRESS

前言
PREFACE

传统村落体现着祖先对自然和人之间朴实、和谐的共生关系的理解，承载着某个地域悠久的历史文脉。解读山村是敬畏乡村社会、尊重乡村文化、理解乡村生活的过程。改革开放以来，城镇化人居环境领域非常态的建设速度和规模，与传统民居建筑特色传承及地域性人文风貌延续之间暴露出各种各样的矛盾。人们缺少对传统文化的敬畏和对“乡愁”的初心，传统村落面临着生态环境破坏、资源损耗殆尽、劳动力流失、传统技艺失传、村庄历史文化断代等各方面的问题，一些手工技艺和传统文化的传承陷入困境。新时期传统风貌村镇的规划与设计亟待更加科学、理性的方法和依据。

西井峪村位于天津市蓟州区渔阳镇，2005 年开始发展以摄影为主题的乡村旅游业，2010 年被评为第五批“中国历史文化名村”。约 400 年前，周氏一族在府君山下用山里的石头盖起几间石头房子，从此这里逐渐“生长”起一个“因石而生、因石而居、因石而乐”的石头山村。坐落在中上元古界的西井峪村，四面环山，如坐井中，藏风聚气，负阴抱阳。石房、石墙、石街、石碾、石灶等构成了石头村的特色。丰收的季节，红彤彤的柿子挂满枝头，大人们招待着家中的来客，孩童在村中心的广场上玩闹，家门口的猫狗懒洋洋地晒着太阳，无处不展现着村中闲逸的生活。

同闲坐在家门口的老人聊聊西井峪的历史传说、名人轶事；听老书记讲讲村庄的历史、发展过程；向村里的大姐学学传统手艺，闲话家常；和可爱的孩子们谈谈未来的梦想，在这里，你会拥有不一样的体验。

本书旨在站在乡村的角度思考乡村未来发展的方向，发掘乡村的精神与文化，描绘一个村民和访客眼中的乡村图景。在乡村建设中，只有围绕“望得见山，看得见水，记得住乡愁”的主题，才能更好地挽留“乡愁”，营造传统村落环境新面貌，使村民拥有舒适便捷的现代化生活，体现乡村旅游的更高品质。

编者

2020 年 6 月

目录
CONTENTS

第1章
天津市及蓟州区概况

007

第 2 章 西井峪村庄自然

043

第 3 章 西井峪村庄文化

061

第 4 章
西井峪村庄聚落

109

第 5 章
西井峪村庄保护更新

167

第1章

天津市及蓟州区概况

1.1 九河下梢天津卫

天津，简称津，是中华人民共和国的直辖市、中国华北地区的经济中心城市，也是东北亚地区重要的航运中心之一、中国进出关及京津冀与华北及西北内陆的铁路交通枢纽之一[1]。民谚“九河下梢天津卫，三座浮桥两道关”描述了天津优越的自然地理资源。天津位于华北平原东北部、海河流域下游，地处渤海之滨[2]，自古是京师门户，畿辅重镇。

“天津”为明成祖朱棣所起，意为天子渡河之地。《新校天津卫志 · 卷 1》的《建置 · 城池》记载：“明永乐二年……筑城。”[3] 清雍正年间天津改“卫”为“州”，后又升为天津府，并置天津县[4]。1860 年，第二次鸦片战争后，天津被迫开辟为通商口岸。英、法、美、德、日、俄、意、奥（奥地利）、比（比利时）等九国在津建设租界。随着开埠，天津成为北方首屈一指的、全国第二大工商业和港口贸易城市。天津繁荣于漕运，崛起于盐业，在近代外来文化与本土文化的碰撞下，形成了包容、开放、多元的天津文化。

2000 年后，天津市在原有基础上，相继设立武清区、宝坻区、滨海新区、宁河区、静海区、蓟州区。天津现辖 16 个区，包括滨海新区、和平区、河北区、河东区、河西区、南开区、红桥区、东丽区、西青区、津南区、北辰区、武清区、宝坻区、静海区、宁河区、蓟州区。

1.1.1 天津市自然条件

1. 气候特征

天津地处北温带中纬度亚欧大陆东岸，华北平原北部，东临渤海、北依燕山，位于东经 116° 43′ 至 118° 04′，北纬 38° 34′ 至 40° 15′ 之间，属暖温带半湿润季风性气候。“冬季受蒙古冷高压控制，盛行西北风，寒冷干燥；夏季受西北太平洋副热带高压西侧影响，多偏南风，且高温高湿，雨热同期。”[5] 由于临近渤海湾，其局部小气候受海洋气候影响明显。

2. 地质地貌

天津地区位于燕山褶皱带与新华夏系华北平原沉降带的连接部分，地质构造复杂，历经“沧

---

1. 陆大道 . 京津冀城市群功能定位及协同发展 [J]. 地理科学进展 ,2015,34(3):265-270.
2. 张德荣 . 天津邮政年鉴 [M]. 天津 : 天津古籍出版社，2015：23.
3. 肖立军 , 王锡超 . 明代天津筑城置卫若干问题考辨 [J]. 天津师范大学学报 (社会科学版),2010(5):31-36.
4. 任云兰 .600 年天津 : 历史上的城市规划 [J]. 北京规划建设 ,2005(5):53-55.
5. 傅宁 , 史珺 , 任雨 .1951—2012 年天津地区汛期降水变化特征分析 [J]. 干旱区资源与环境 ,2014,28(4):83-88.

海三为桑田”[1]的地质变化，约 1 万年前形成现代自然环境。天津地势北高南低，大部分地区为平原和洼地，北部蓟州地区海拔为 200 ～ 500 米，蓟北山地南侧冲积平原分布有大小不等的洼地，紧临渤海湾分布着海积平原和沿海滩涂。天津有山地、丘陵和平原三种地形，平原约占 93%。除北部与燕山南侧接壤之处多为山地外，其余均属冲积平原，蓟州北部山地为海拔千米以下的低山丘陵。蓟州山地以南的洪积冲积扇组成的倾斜平原呈扇状分布，形成大小不等的洼地。倾斜平原往南是冲积平原，东南是滨海平原[2]。

3. 水路风光

天津地跨海河两岸，北运河、永定河、大清河、子牙河和南运河等五河在天津金钢桥附近的三岔口汇合成海河干流，由大沽口入海。此干流全长 72 千米，平均河宽约 100 米，水深 3 ～ 5 米。流经天津的一级河道有 19 条，总长度为 1 095.1 千米。人工河道有 6 条，分别为子牙新河、独流减河、马厂减河、永定新河、潮白新河、还乡新河。天津地下水量丰富，山区多岩溶裂隙水，水质好，矿化度低，流量一般为 7.2 ～ 14.6 吨 / 小时，雨季时最大可达 720 ～ 800 吨 / 小时[3]。

尽管水资源总量丰富，但城区内水质不容乐观，无法达到生活用水的标准。1983 年 9 月 11 日，引滦入津输水工程为天津人民带来了滦河水。自 2014 年 10 月南水北调中线通水以来，中线工程已实现 2000 多天连续不间断安全供水，引江水已经逐渐成为天津第二条城市供水生命线。

现如今天津市逐步形成以引江、引滦输水工程为骨架，于桥、尔王庄、北大港、王庆坨、北塘五座水库互连互通、互为补充、统筹运用的供水新格局[4]。

4. 土地资源

截至 2018 年，天津市总面积为 11966.45 平方千米，农业用地约 7 000 平方千米，占 58.3%，其中耕地约占 36.7%。天津地区蓟州北部山地岩石风化薄层残积土适宜发展林果业和畜牧业，其余地区土层较厚，土壤肥力高，有利于农作物的生长，部分滩涂地区种植工业价值较高的芦苇，这里也是发展石油化工和海洋化工的理想用地，沿海地区土壤盐碱化程度较高，是盐田和海产品养殖地区。

5. 生物资源

天津地区生物资源丰富，共有自然保护区 8 个，其中国家级自然保护区 3 个，分别是古海岸

1. 谢让志 . 天津自然环境变迁与早期文化形成 [J]. 城市 ,1991(4):50-55.
2. 陈可馨 . 天津自然条件的农业评价 [J]. 自然资源 .1984(1):36-41.
3. 陈永慧 . 基于 RS 和 GIS 的天津市城市扩展时空特征及其影响因素研究 [D]. 北京. 首都师范大学 ,2009:27.
4. 高瀛 . 天津参与构建京津冀世界级城市群战略发展的对策研究 [D]. 天津：天津大学 ,2016:47.

与湿地国家级自然保护区、蓟州区中上元古界国家级自然保护区和八仙山国家级自然保护区。天津市自然保护区面积达 9.06 万公顷。建成园区绿地面积 35 844 公顷，公园有 126 个，建成区绿化覆盖率以 36.3%[1]。宁河区、宝坻区、西青区、静海区以及滨海新区湿地资源丰富，蓟州区森林覆盖率、物种多样性高。天津市的高等植物有 1 000 多种，陆生野生动物不到 500 种。广袤的海域蕴藏着丰富的海洋生物资源，主要是浮游生物、游泳生物、底栖生物和潮间带生物。

6. 矿产资源

截至 2020 年，天津地区矿产资源包括金属矿、非金属矿、能源矿、水气共计 36 种，金属矿与非金属矿主要分布于天津北部山区，金属矿有锰硼石、锰、金、钨、钼、铜、锌、铁等，其中锰、硼为国内首次发现且世上罕见。非金属矿主要有水泥石灰岩、重晶石、叠层石、大理石、天然油石、紫砂陶土、麦饭石等。

渤海西部海域（南起歧口，北至涧河口）是燃料矿主要埋藏地，有石油、天然气和煤气等。天津有渤海和大港两大国家重点开发油气田。已探明石油储量 40 亿吨，油田面积 100 多平方千米，天然气地质储量 1 500 多亿立方米，煤田面积 80 平方千米[2]。153 千米长的海岸线为天然盐田提供了优越的地理环境，历史考证，自远古时期，勤劳的祖先就开始在渤海湾制作海盐，历经千年发展，形成著名的长芦盐场，天津市滨海新区也成为新兴海盐化工重镇[3]。

地热资源是一种可再生的矿产资源，天津地区分布着丰富的中低温地热资源，被誉为“全国利用地热资源供暖规模最大的城市”[4]，全市共有 6 个大型地热层，开采井 443 眼，回灌井 189 眼[5]，作为新型清洁能源，其为城镇建筑供暖、居民生活热水、康养理疗、农业种植养殖源源不断地贡献力量。天津市因丰富的地热资源储量、开发利用和保护成果以及国土资源管理部门的创新管理工作，被原国土资源部公布为全国首批“中国温泉之都”[6]。

1.1.2 天津市文化条件

“近代百年看天津”，天津地区拥有地方特色鲜明的河、海文化，由漕运、芦盐带动的城市民俗文化、天津卫军旅文化等。截至 2020 年，天津有国家级非物质文化遗产 35 项，市级非物质文化遗产 250 项，区级非物质文化遗产 700 余项，中西方文化的碰撞与融合使天津拥有了灿烂的

1. 天津市统计局 .2018 年天津统计年鉴 [R]. 天津 : 天津市统计局 ,2018:147-149.
2. 曹瑞骥 , 袁训来 . 中国叠层石研究进展 [J]. 古生物学报 ,2009,48(3):314-321.
3. 阎承遵 . 长芦盐场沿革概述 [J]. 盐业史研究 ,1991(3):61-71.
4. 天津地热勘查开发设计院．2016 年天津地热资源开发利用动态监测年报 [R]. 天津 : 天津地热勘查开发设计院 ,2016:2.
5. 茹洪久 , 刘东林 , 胡慧川 , 等 . 天津地热资源评价与综合研究 [J]. 中国地质调查 ,2018,5(2):25-31.

民俗文化资源。独特的自然地理条件形成了天津依河傍海的美食文化，如狗不理包子、十八街麻花、耳朵眼炸糕，近代漕运为天津带来五湖四海的特色菜系，融合成了现在的天津菜系。“妈祖文化”和“漕运文化”被吸纳进了天津民间曲艺杂耍、诗文书画等多种艺术文化形式之中。土生土长的民间艺术，如杨柳青木版年画、“泥人张”彩塑、“风筝魏”风筝为代表的手工艺；以评剧、京东大鼓、天津时调、相声等为代表的传统戏剧与曲艺；以津门法鼓、汉沽飞镲、葛沽宝辇花会、独乐寺庙会等为代表的传统音乐与民俗活动以及传统巷子、胡同、街道、人文建筑、名人故居和纪念馆、博物馆等都是天津珍贵的文化资源[1]。

1. 张蕾，史佳林，张明亮 . 天津休闲农业与乡村旅游发展现状研究 [J]. 天津农业科学，2013,19(1):63-67.

1.2 千年古蓟州

蓟州区古称无终、渔阳、蓟州。“古为无终子国。秦汉时置无终县，属右北平郡。隋时改为渔阳县，因在渔山之南而得名。唐开元十八年(730 年)析幽州置蓟州，后历代相沿。”[1] 唐《太平寰宇记》记载：“开元十八年，析幽州之渔阳、三河、玉田三县置蓟州，取古蓟门关以名州。”《元史 · 地理志》记载：“蓟州，唐置，后改渔阳郡，仍改蓟州。宋为广川郡。金为中都。元太祖十年(公元1215 年)，定其地，仍为蓟州。”明洪武初年撤渔阳县，入蓟州，至“民国”二年(1913 年)改为蓟县。中华人民共和国成立后，其为河北省辖县，1973 年 9 月划归天津市，2016 年 7 月 28 日，天津市委、市政府决定，撤销蓟县，设立蓟州区。同年 12 月，蓟州区的名称正式使用。

蓟州区位于天津市最北部，南距天津市区约 115 千米，西距北京市区约 88 千米，东距唐山约 90 千米，北距承德约 220 千米，居京津唐承四市之腹心，居北纬 39° 45′ 至 40° 15′，东经 117° 05′ 至 117° 47′。全区总面积 1 590 平方千米。蓟州区下辖 26 个乡镇、一个城区街道办事处、949 个行政村、31 个居委会。

蓟州区既得近海开放之利，更占京津辐射之先，古来为兵家必争之地，素有“畿东锁钥”之称。优越的自然条件和悠久的人文历史为蓟州留下了宝贵的物产资源和文化财富，使其被誉为“中国千年古县”和“天津历史文化名城”。盘山、翠屏湖、八仙山、梨木台、九龙山、中上元古界等自然资源与蓟州区休闲农业旅游资源相结合。石器时代遗迹、汉墓群、独乐寺、黄崖关长城及太平寨长城，展示了中华民族千年来的智慧与文化。这里人杰辈出，有府君山黄帝问道的传说，又有名人窦燕山、鲜于枢、赵普等的故事。

依托丰富的旅游、生态资源和逐渐完善的京津冀城市交通网，近年来，蓟州区将绿色产业、健康产业、服务外包作为借力新重点，做承西启东的连接点，划分为“一城(蓟州新城)两区(北部生态山水旅游区、南部绿色产业发展区)两带(蓟州城镇发展带、服务业集聚发展带)多点(文化健康产业园、州河产业园、斐讯云谷信息产业园、邦均镇苗木花卉园、上仓镇现代设施农业园、侯家营现代农业示范园、马伸桥山水旅游示范区、下营镇旅游度假特色村、下窝头镇产业园、别山镇产业园、尤古庄镇产业园、桑梓镇产业园)”的县域空间结构。2018 年，蓟州区发展规划提出“双核、双轴、四片区”的新空间和功能结构，双核为古城旅游集散中心和城市综合商贸服务城市副中心，双轴为旅游服务轴和都市生活轴，四片区为东部滨水休闲区、老城生活区、综合旅游服务区、西部都市产业区。

---

1. 何本方，李树权，胡晓昆 . 中国古代生活辞典 [M]. 沈阳 : 沈阳出版社 ,2003:657.

1.2.1 蓟州区自然条件

蓟州区位于天津市的最北部，地处燕山南麓，长城脚下，为燕山山脉与华北平原的过渡地带，地势北高南低，北起长城，南至蓟运河，呈阶梯状分布[1]。山地丘陵位于蓟州区最北端，称蓟北山地，海拔 200 ~ 500 米。山间有沟谷、盆地，丘陵间谷地平坦，土层较厚，以发展林果为主。

1. 蓟州区的气候

蓟州区属于暖温带半湿润大陆性季风气候，四季分明，昼夜温差大，季风气候明显，具有雨热同期的特点，夏季高温，降水集中，可以充分满足一般喜温作物一年一熟和两年三熟的需要。蓟州区 2017 年的气候情况见表 1-1。

表 1-1 蓟州区 2017 年的气候情况

全年平均气温 /℃	平均相对湿度	日照时长 / 小时	降水量 / 毫米	无霜期 / 天	雾天数 / 天
12.8	57%	2 522.5	668.6	286	26

因受大陆性气候影响，蓟州区的冻冷期比较长，尤其是北部山区。与周边地区相比，蓟州区夏季凉爽，北部山脉对气流的阻塞作用使其成为天津静风最多的地区。良好的自然气候既有利于作物的生长，也有利于旅游资源的开发。

2. 蓟州区的地层

1931 年，年轻的地质工作者高振西等人在蓟州北部山区发现中上元古界地质剖面，当时其被称为“震旦亚界”地层。1984 年国务院正式批准其为“天津市蓟县中上元古界国家自然保护区”，它是我国第一个国家级地质自然保护区。该保护区展示蓟州地区距今 18.5 亿年至 8 亿年前的地质演化史，因其“岩层齐全、质地清楚、出露连续、变质极浅、构造简单和古生物化石丰富”，被地质专家誉为“大地史书”。该保护区贮存着反映古地理、古生物、古气候、古构造、古地磁等的大量自然信息和各种金属、非金属矿产资源，被誉为“世之瑰宝”。蓟州区中上元古界由长城系、蓟县系和青白口系三个地层单元组成，共有 13 个岩层。

1. 金振东，刘春，董秀娜，等．蓟州风物志 [M]. 天津：天津古籍出版社，2006:3.

3. 蓟州区的地貌

蓟州区的地貌约形成于 19.5 亿年前。整个燕山山脉强烈的地壳运动引起的沉降逐渐形成了一个巨大的沉降带，“地理上称为燕辽沉降带。海水随着地壳运动进入该沉降带并最终汇成一片汪洋。约 8 亿年前地层上升隆起，该地区形成陆地，这万米地层就是今天的‘中上元古界地质剖面’。后来两亿年间蓟州区都是陆地的环境，并经过长时期的地表侵蚀和堆积，蓟州逐渐形成了‘古准平原面’。”[1]

约 6 亿年前的古生代寒武纪时，今天的西井峪、东井峪以及北岭以北的广大地区仍然保持着陆地的地貌，而蓟州区南部则形成了海洋。直至 2.25 亿年前的二叠纪末，南部海湾经过几亿年的沉浮变迁，蓟州区终于成为全是陆地的环境。距今约 7 000 万年以前“中生代燕山运动”对蓟州的地貌形成起了重要的作用，从此奠定了蓟州地貌的基本轮廓。几亿年的地壳运动使北部的山区呈褶皱状隆起，成为燕山山脉；花岗岩岩浆的侵入形成了盘山；南部的地区断裂下沉，堆积成平原。

蓟州区的山脉集中于“东北部与兴隆、遵化、平谷等地区接壤的一带”[2]，主要山脉有九山顶、八仙山、盘山、大南山、常州东山、北大楼山、梨木台西山、元宝山、黑水河东山。其中九山顶又名松树果子，在下营镇常州村北，主峰是天津地区的制高点，海拔 1 078.5 米。八仙山在下营镇太平沟村北，主峰聚仙峰（俗称“蝈蝈笼子”）海拔 1052 米。

盘山又名盘龙山、四正山，在官庄镇境内，主峰挂月峰海拔 864.4 米。这些山峰坡度较大，山势险峻。另一些山峰面积较大，被称为低山，如府君山、五名山、闯子岭、凤凰山、桃花山、卧牛山、黄崖关西山等。其中府君山又名崆峒山、无终山，位于城北，主峰海拔 302 米。五名山又名兴隆顶、娘娘顶，主峰海拔 241 米。闯子岭在城区以北 5 千米处，海拔 106.8 米。凤凰山又名七里峰，在城区以东 3.5 千米处，主峰海拔 67.7 米。桃花山位于渔阳镇东马坊村北，主峰海拔 234.8 米。卧牛山又名牛头山，在邦均镇沿河村西北，主峰海拔 190.9 米。黄崖关西山在下营镇黄崖关西，主峰海拔 791 米[3]。

蓟州区北部山区分布着 4 个比较大的山谷，平原区分布在南部，全区洼地面积约 500 平方千米，该地区地下水丰富，水质好，为全淡水区。在天津地区，蓟州是唯一有山有水的地方，由于它的形成年代悠久，地貌特征极具特色，中上元古界的地貌在世界上享有盛名，因此吸引了众多的中外游客。

4. 蓟州区的水文

“蓟州的水资源也很丰富，分为地表水和地下水。地表水每年平均流量为 105 800 万立方米，

1. 金振东，刘春，董秀娜，等 . 蓟州风物志 [M]. 天津：天津古籍出版社 ,2006:4.
2. 柏雅雯 . 蓟州山地型聚落形态及其更新研究 [D]. 大连：大连理工大学 ,2018:25.
3. 天津风物志编委会 . 天津风物志 [M]. 天津：天津人民出版社 .1985:123-125.

地下水每年可开采量达到 24656.3 万立方米，而且水质很好，都是淡水，可以解决农业发展的需要"[1]，主要河流有蓟运河、州河、泃河、兰泉河，主要泉流有渔阳镇的阳泉、花园泉、黑马泉、白马泉等，马伸桥区域的石头营泉、黄花山泉、隆福寺泉、朱尔峪泉、道古峪泉，五百户区域的东山泉、蟒眼泉、铜盆井等，共计 50 多条泉流。此区地表水资源丰富，"全区多年平均产水量为 10.58 亿立方米，其中蓟州区内产水 3 亿立方米，外来水 7.58 亿立方米。"[2] 地下水可开采资源量包括山区基岩地下水和平原第四系地下水，其中山区基岩地下水还包括平原第四系浅埋基岩地下水。

5. 蓟州区土壤

蓟州区土壤的形成与变化受到气候、地貌、岩石与母质、河流和地下水、植被、农田建设的影响，共有 4 种类型，分别为棕壤、褐土、潮土、水稻土。其中棕壤分布在海拔 750 米以上的小港、下营两乡北部的山上，总面积 10.92 平方千米；褐土分布最广，分布于海拔 10 ~ 750 米的山地、丘陵、平原，总面积 870.8 平方千米，其中耕地 276 平方千米。潮土分布在下仓、蒙瞿、杨津庄、下窝头、东施古、三岔口、白塔子、侯家营等乡镇和上仓、礼明庄、东塔庄、尤古庄、桑梓等乡镇的南部地区，面积 525.35 平方千米，其中耕地 399 平方千米。水稻土面积较小，分布在公乐亭村一带，该地区三四百年间利用泉水种植水稻，久负盛名。

6. 蓟州生物资源

蓟州区半山地区得天独厚的自然环境使其具有丰富的物种资源，野生动植物是全市生物多样性最高的地区。此区生态系统包含 12 种类型。蓟州区包括国家级自然保护区两个，分别为中上元古界国家自然保护区和八仙山国家级自然保护区，还有盘山自然风景名胜古迹保护区、九龙山国家森林公园和地质公园等[3]。

1.2.2 蓟州区文旅概况

1. 蓟州区文旅特色

蓟州区不断完善文化设施建设，提升服务水平，调整发展战略，"一城一带多景区"的文化产业布局逐渐形成。"蓟州区现有文物保护点 422 处，其中各级文物保护单位 72 处，库存文

1. 金振东，刘春，董秀娜，等. 蓟州风物志 [M]. 天津：天津古籍出版社，2006:3.
2. 郭新纪，赵学海. 蓟县志 [M]. 天津：天津社会科学院出版社，南开大学出版社，1991:143.
3. 宋文华，李红柳. 天津市生物多样性现状、问题及对策 [J]. 北方环境，2012,24(5):81-85.

物 1 769 件（套）”[1] 蓟州区内有 6 大风景区，即黄崖关古长城风景区、盘山风景区、独乐寺古文物区、翠屏湖风景区、中上元古界国家级自然保护区和八仙山国家级自然保护区，是天津“北生态”的核心区、京津都市的绿色屏障。

2006 年，蓟县被联合国教科文组织命名为“千年古县”，2007 年被原建设部命名为“国家园林县城”，2011 年被确定为全国首批休闲农业与乡村旅游示范县、绿色食品示范区和全国山区综合开发示范县[2]。蓟州区把旅游产业定为振兴经济的主导产业，并提出了“构建中等旅游城市”的战略目标。

近年来，蓟州区特色文化呈产业集群式发展，荣宝斋文化创作产业园、国家画院、范曾书院、京津国际文化产业教育园等一大批文化产业落户蓟州区。北少林寺恢复工程、于庆成雕塑园、蓟州旅游精品村打造工程、“天下盘山”大型实景演出等文化产业项目陆续启动、实施和完成，文化产业聚合优势凸显。近年来，蓟州区重视农耕文化的发展，引入主题农庄、乡村营地等高端产品，促进农家院旅游向全景式乡村旅游方向转变。蓟州区非物质文化遗产见表 1-2，民俗见表 1-3，文旅特色见表 1-4。

表 1-2 蓟州区非物质文化遗产汇总 (2019 年)

非物质文化遗产	级别	批次	介绍
北少林武术	市级	第一批	盘山北少林寺原名法兴寺，始建于魏晋时期，受嵩山少林寺习武传统的影响，其最具代表性的是北少林武术
兴泰德烧锅	市级	第二批	清末，兴泰德烧锅从蓟州薏苡仁酒转产，成了宫廷御酒，慈禧赐名“盛清缘”，传言烧酒使用盘山之泉，其中含麦饭石矿物质，对人体颇有益
邦均子火烧	市级	第二批	蓟州独创小吃，原名子饽饽，因其形状如算盘子得名
一品烧饼制作工艺	市级	第二批	清朝年间贡品，其体形圆扁，外裹芝麻，以核桃、青梅、桂花为馅
独乐寺庙会	市级	第二批	庙会时有民间花会（高跷、旱船、秧歌、舞狮等）、吴桥杂技（空竹、柔术、魔术、变脸等）、各地风味小吃及蓟州区土特产展卖、传统的佛教祈福活动“观音赐福”
皮影雕刻技艺	市级	第二批	皮影主要以驴皮为原料，工具有雕刻刀、刻板、画笔、刷子等。根据皮影剧剧情需要手艺人可雕刻出人物、动物、建筑、刀枪等各种作品，它们造型优美，形象逼真

1. 金静 . 蓟州区成立文化遗产保护中心 [N]. 天津工人报 ,2020-08-31（01）.
2. 段建挺 . 狠抓生态文明建设 全力打造美丽蓟县 [J]. 求知 ,2013(7):33-35.

续表

非物质文化遗产	级别	批次	介绍
青池碌碡会	市级	第二批	蓟州区青池碌碡会已有几百年的历史。早年碌碡会是青池村特殊地理环境的产物。五百户镇青池村位于燕山南麓、州河两岸，从古至今，州河水川流不息，当地盛产苇蒲，妇女靠编草席、织蒲包为生。蓟州区人民把碌碡扎苇蒲这种生产生活场景编排成一种说唱表演形式，即碌碡会的雏形
李记北大窑砖瓦烧制技艺	区级	第一批	李记北大窑砖瓦烧制技艺传承至今已历经数百年，在窑体建筑、土料处理、浆泥制备、胚体成型、花活雕捏、烘干焙烧、闷水上青等工艺流程上形成了独有的技术风格，并借鉴琉璃砖瓦的生产工艺，烧制全套的吻、兽、脊筒、连砖、戗檐、博缝、垫花、透风等花活饰件，形成了完整的产品体系
渔阳花鼓	区级	第一批	流传于蓟州区的渔阳花鼓产生于明朝。渔阳花鼓经蔡氏家族传承至今已有几百年历史。花鼓传统种类传承至今的有抄手起一二三、二三四、三四五、四五六、翻锣等，传承人创作推广了《步步高》《庆丰收》《开门红》等 27 个花鼓节目种类
窦燕山传说故事	区级	第二批	《三字经》记载：“窦燕山，有义方；教五子，名俱扬。”窦燕山是五代时后周渔阳（今蓟州区西龙虎峪镇龙前村）人，是宋初一代名臣，其改家风、对家贼以德报怨、拾重金坐等失主、出巨资帮助穷人、兴义学发展教育等故事家喻户晓
官善熏肠制作技艺	区级	第二批	清乾隆年间跟随乾隆盘山巡游的御厨罗氏将技艺传授给家中长工张瑞斌，张瑞斌有感于他传道授业之恩，甘愿为师父养老送终，成就了一段师徒佳话。张瑞斌这位普通农民让御厨家族的熏肠手艺走出宫廷，进入民间。从此，“官善熏肠”成为张家的美食技艺，代代延续，传承不断
蓟州皮影	区级	第二批	蓟州皮影与唐山皮影同属滦州影系，为唐山皮影西路，是蓟州流行于民间的主要剧种，距今已有数百年历史
金桶千层饼制作技艺	区级	第二批	金桶千层饼制作技艺为清乾隆年间蓟州李利研制，传承至今已有 200 多年的历史。这道主食形似小圆桶，内有数十层，外酥里软，层层薄如蝉翼，深受乾隆皇帝喜欢，赐名“千层饼”
刘氏手工粉条制作技艺	区级	第二批	蓟州区马伸桥镇的刘氏手工粉条制作技艺起源于清朝末年，第一代手艺人刘翔向其岳父学习制作红薯粉条，后人经过创新，用红薯、豌豆、绿豆、淀粉混合，按一定比例生产制作出更筋道、薯香味更浓郁、营养更丰富的红薯豆类粉条
泰德楼八大碗制作技艺	区级	第二批	蓟州泰德楼八大碗可追溯到清朝，至今有 100 多年的历史。清末，蓟州人赵赞合经营泰德居饭庄，熟练掌握蓟州传统“八大碗”的制作技艺。赵赞合把蓟州传统“八大碗”和宫廷“八大碗”充分融合，创建了泰德楼“八大碗”制作技艺
西井峪村砌石技艺	区级	第二批	用石头砌筑房屋是蓟州山区群众重要的生产技艺。蓟州传统砌石技艺已有数百年历史，尤以现蓟州区渔阳镇西井峪村的砌石技艺最具代表性
蓟州西路评剧	区级	第二批	蓟州西路评剧起源于蓟州的西部莲花落，至今已有 100 多年的历史。蓟州西路评剧最具代表性的人物是刘子琢

表 1-3 蓟州区民俗汇总 (2019 年)

类别	盛行地区	详细描述
蓟州高跷	下营镇	其分文高跷和武高跷。北部山区的多为文高跷，中部丘陵和南部平原区的多为武高跷。文高跷演员形象俊美，服饰绚丽，表演细腻，动作文雅；武高跷演员讲究功底，表演时有蹲、跳、滚、叉、摔、翻等动作
评剧	下仓镇	评剧的前身为蹦蹦戏，“民国”时期，田各庄孙清夫妇和黑三夫妇演唱蹦蹦戏，他们画圈为台，就地演唱。1952 年 8 月北王庄（今上仓镇）刘子琢等人成立蓟州新生评剧团，演出剧目有《燕赤关》《桃花庵》等
民间音乐	全区	有代表性的是“吹歌”和“民歌”。吹歌，也称鼓乐，是以民族吹管、打击乐器为主的民间器乐合奏。民歌是反映劳动人民长期生活和劳动创作的艺术形式
庙会	渔阳镇	其又称“庙市”和“节场”。独乐寺庙会起源于辽，鼎盛于明、清，曾是京东最有影响力的庙会
民间花会	邦均镇、上仓镇	民间花会上有高跷、碌碡会、小车会、龙灯会、腰鼓、少林会、地秧歌、十八美等
民间戏剧	渔阳镇、白涧镇	皮影戏、梆子戏
流行曲艺	全区	数来宝、西河大鼓、铁板大鼓、大鼓书等
特色工艺品	渔阳镇、下营镇	根雕、泥塑、页岩画、葫芦烫画、剪纸、叠层石工艺品等

表 1-4 文旅特色汇总 (2019 年)

序号	分类	内容
1	渔阳八景	青池春涨、白涧秋澄、采村烟霁、铁岭云横、盘山暮雨、独乐晨灯、崆峒积雪、瀑水流冰
2	蓟州特色旅游线路	蓟州名胜游、山乡风情游、自然生态游、宗教文化之旅、地质探秘游
3	5A、4A 级景区	盘山，黄崖关长城、梨木台、独乐寺

2. 蓟州区乡村文旅规划

2015 年，根据天津市城市总体规划，蓟县（今蓟州区）被定义为天津市的历史文化名城，是旅游、疗养胜地和天津北部地区的交通枢纽，近期规划以发展商业、旅游业为主，成为经济发达、文化振兴、市场繁荣、科研荟萃、“古秀美”的花园城市；远期目标是建设科学城。蓟州区现有规划将不同地区的资源优势与产业发展相结合，优化调整用地结构与布局，形成“两轴、四域、十二特色产业功能区”的土地利用总体格局，其保护规划见图 1-1。

图 1-1 蓟州古城保护规划图（天津市规划和自然资源局 ,2020）

2008 年开始，天津市委、市政府大力开展旅游特色村（点）创建活动，制定了“百村千户”的休闲农业发展规划，按照“一乡一特、一村一品、一户一业”的发展模式确定了首批 15 个专业特色村，建成了毛家峪长寿村、郭家沟寨上水乡、大峪仁义农家、西井峪民俗摄影村等一批旅游特色村。2010 年，蓟县被原农业部和国家旅游局评为首批“全国休闲农业与乡村旅游示范县”。2011 年，毛家峪村和常州村被评为第二批“全国休闲农业与乡村旅游示范点”。2013 年根据郭家沟建设的经验，当地政府提出开展“三个一批”工程，即总结推广郭家沟的建设经验，打造一批精品村；完善配套设施，提升一批优质村；严格服务管理，规范一批标准村。蓟州区重点实施乡村旅游“123”行动计划，在 2015—2017 年提升 100 个旅游村，即打造 10 个景区化旅游村、20 个精品化旅游村、70 个标准化旅游村。经过三年努力，蓟州区基本形成点线面层次分明、亮点突出、特色鲜明的全景式乡村旅游发展格局。2015 年起，蓟州区开展了村土地利用规划编制。截至 2017 年，全区有全国休闲农业示范点 4 个，全国特色景观名镇 1 个，市级旅游特色村点 104 个，市级休闲农业示范村点 51 个。

1.2.3 蓟州区特色物产

蓟州区的物产丰富，果品尤为出名。其中，最著名的盘山柿子已经有千年历史，以硕大、甘甜闻名于世。长城一带的燕山板栗，被外商誉为“东方明珠”。小港的安梨、井儿峪梨、三间房的红枣、红花峪的桑葚、桑梓的西瓜等远近闻名。

蓟州区的平原洼区盛产稻麦杂粮和各种蔬菜，公乐亭的稻米曾被作为贡品。农作物主要有小麦、水稻、甘薯、高粱、谷子、大豆、荞麦、豌豆、黍米、绿豆等数十种，还有烟草、芝麻、向日葵等经济作物。蓟州平原洼区种植多类蔬菜瓜果。别山大葱曾被作为宫廷膳食的原材料，王家浅的“心里美”萝卜从“民国”时期便广受人们喜爱，现已销往全国各地。渔阳镇、上仓镇的白菜产量高、质量好，不仅供应区内和周边，还出口国外。

蓟州区更值得一提的资源是中草药。据记载，明朝嘉靖年间，此处就有 42 种中草药。通过几百年的培育发展，现在蓟州区能够采集的草药数目多达 70 余种，并远销国外。1972 年，在天津市有关部门的扶持下，官庄村、下营村等 21 个山村重点培育天麻、人参、黄芪、川贝、牛蒡子等 34 种药材[1]。

以翠屏湖为主的水域盛产各种鱼虾。其中，鲤鱼、鼋鱼、鲫鱼、鳜鱼等独具特色，州河的金翅鲤鱼还曾经是清宫御膳的佳品。特色小吃有邦均子火烧和一品烧饼、邦均羊汤、溲溜猪蹄、东塔庄的年糕、绿豆咯扎、桑梓豆片、碗坨等。

1.2.4 蓟州区代表人物及文学作品

蓟州区名人录见表 1-5，文学代表作品见表 1-6。

表 1-5 蓟州区名人录（2006 年）

序号	姓名	年代 / 地域	事迹
1	窦汉卿	金代 / 蓟州人	妙于针灸，医术神奇精妙，著有《针经指南》《疮疡经验》

1. 郭新纪，赵学海．蓟县志 [M]. 天津：天津社会科学院出版社，南开大学出版社，1991:143,

续表

序号	姓名	年代 / 地域	事迹
2	窦禹钧	后晋时期 / 涿州范阳县人	唐末时任幽州掾，其五子聪颖早慧，文行并优，均先后中进士，史称“窦氏五龙”“五子登科”。窦氏五龙分别是窦仪、窦俨、窦侃、窦偁、窦僖
3	赵普	北宋 / 幽州蓟州人	助赵匡胤策划“陈桥兵变”，一生三次为相，以“半部《论语》治天下”而名垂青史
4	鲜于枢	元代 / 蓟州人	著名书法家，能诗文，其翰墨流传于蓟州、巴蜀两地，与赵孟頫齐名
5	燕忠	明代中期 / 扬州泰兴人	明代中期曾任大理寺卿，有包青天之风，卒后，追赠刑部尚书，葬于蓟州
6	戚继光	明代 / 登州卫（今山东蓬莱）人	抗倭名将，后调任蓟镇，修筑长城，在蓟镇驻守 16 年；他陈述御敌方略，建立车步骑营，修建边墙敌台，改善武器装备，为抵御外敌做出了巨大的贡献
7	羊宰	明末清初 / 山东人	清初云游到今蓟州区下营镇岐山澜水洞隐居，康熙年间创立理教，享年 132 岁
8	智朴和尚	清代 / 徐州人	著名诗僧，著成《盘山志》，同时还著有《盘谷集》《谷响集》《电光集》《云鹤集》《台随集》《存诚录》等诗文集
9	刘念拔	清代 / 东西奉新人	现保存在蓟州文保所内的“寿”字碑上“寿”字的作者
10	萧晶玉	清代 / 蓟州人	满族女作家，著有传世之作《十粒金丹》
11	吴可读	清代 / 甘肃皋兰人	字柳堂，清光绪朝吏部稽勋司主事，建言甚多，其中两疏名闻天下。在蓟州马伸桥三义庙尸谏慈禧太后，人们为他在蓟州马伸桥建景忠祠，李鸿章撰写了碑文
12	商士艺	清代 / 蓟州公乐亭人	师从盘山少林寺景礼禅师，留有《同备拳谱》《乌龙枪谱》《青云刀谱》《弹炮腿各十二路》传于世，世称“商家门拳”
13	许有泰	清末 / 蓟州上仓刘各庄人	清同治年间，他在南闵庄创办酒烧锅，烧锅重号“兴泰德”。
14	魏喜奎	当代 / 蓟州侯家营镇西桥头村人	著名曲艺曲剧表演艺术家，奉调大鼓创始人，“北京曲剧”主要创始人，曾任中国文学艺术工作联合会委员、中国戏剧家协会北京分会副主席、北京市政协委员
15	浩然	当代 / 蓟州白涧镇王吉素村人	当代著名作家，代表作有《艳阳天》《金光大道》《苍生》等
16	于庆成	当代 / 蓟州人	民间泥塑艺术家，代表作品有《一条大河》《沃土》《长江黄河》《两朵花》等，1996 年被联合国教科文组织授予“民间工艺美术大师”称号
17	梁国栋	当代 / 蓟州人	代表作品有《祖国颂》《套马图》《十二生肖剪纸藏书票》《生肖邮票剪纸首日封》等，1995 年被联合国教科文组织授予“民间工艺美术家”称号
18	张奎	当代 / 蓟州别山镇山下屯村人	蓟州皮影雕刻技艺第三代传承人，天津市非物质文化遗产保护项目代表性传承人

表 1-6 文学代表作品（2019 年）

<table>
<tr><th>序号</th><th>作者</th><th>年代</th><th colspan="2">与蓟州相关的内容</th></tr>
<tr><td>1</td><td>不详</td><td>汉代</td><td colspan="2">“桑无附枝，麦秀两歧，张君为政，乐不可支。民皆家殷户阜，咸歌之。”此民谣讲述汉代蓟州太守张堪政治清明、吏民悦服的事迹</td></tr>
<tr><td>2</td><td>白居易</td><td>唐代</td><td colspan="2">《长恨歌》，“渔阳鼙鼓动地来，惊破霓裳羽衣曲。”</td></tr>
<tr><td>3</td><td>陈子昂</td><td>唐代</td><td colspan="2">《蓟丘览古赠卢居士藏用》诗七首中的《轩辕台》，“北登蓟丘望，求古轩辕台。应龙已不见，牧马空黄埃。尚想广成子，遗迹白云隈。”</td></tr>
<tr><td>4</td><td>杜甫</td><td>唐代</td><td colspan="2">《后出塞》：“渔阳豪侠地，击鼓吹笙竽。云帆转辽海，粳稻来东吴。越罗与楚练，照耀舆台躯。”描写渔阳城内人烟辐辏、热闹非凡的情景</td></tr>
<tr><td rowspan="4">5</td><td rowspan="4">施耐庵</td><td rowspan="4">元末明初</td><td rowspan="4">《水浒传》</td><td>“石秀杀嫂”所在地点是蓟州区的翠屏山，其在“民国”以前一直被誉为神山</td></tr>
<tr><td>祝家庄街道纵横交错，正斜难辨，易进难出，颇似传说中的八卦阵，过去称八卦村，现在称小漫河村</td></tr>
<tr><td>《病关索大闹翠屏山》一回</td></tr>
<tr><td>《宋公明兵打蓟州城》一回</td></tr>
</table>

1.3 蓟州区特色景观

蓟州区山川秀丽，因独特的自然地理特征，素有“天津市后花园”之称，境内有国家 5A 级风景名胜区——盘山、国家级自然保护区——八仙山、风光秀丽的翠屏湖和典故众多的翠屏山等。这里地质、地貌奇特，有世界上保存最完整的中上元古界地质剖面，其对研究早期生命的演化和地球的形成过程具有重要意义。蓟州区历史悠久，“石器时代”遗址的挖掘，使我们得以追溯 8 000 多年前氏族部落生活的痕迹；众多庙宇如独乐寺、白塔寺、鲁班庙、文庙、关帝庙等，展现了先祖的建造智慧和技艺；汉墓群、蓟州长城等都体现了蓟州区悠久的历史和灿烂的文化。蓟州区名胜古迹、纪念地、游览地名录（2019 年）见表 1-7。

表 1-7 蓟州区名胜古迹、纪念地、游览地名录（2019 年）

类别	名称	现在位置
古迹	鼓楼	位于渔阳镇中心北侧
古迹	白塔	位于渔阳镇白塔寺院内
古迹	独乐寺	位于鼓楼西大街西段北侧

续表

类别	名称	现在位置
古迹	黄崖关长城	位于小港、下营镇境内
古迹	天成寺	位于盘山翠屏峰前
古迹	天成寺舍利塔	位于盘山天成寺院内
古迹	定光佛舍利塔	位于盘山挂月峰顶
古迹	多宝佛舍利	位于渔阳镇白塔寺（村）西
古迹	千像寺	位于渔阳镇北朱庄子村北 1 千米
古迹	岐山澜水洞	位于下营自然镇西南 0.5 千米
古迹	老爷庙	位于渔阳镇官场（村）西南 1 千米
古迹	观音庙	位于西龙虎峪羊胡山上
古迹	凤凰楼	位于黄崖关北山顶
古迹	凤凰塔	位于五百户镇段庄子（村）东南小山上
古迹	桃花寺	位于逯庄子乡桃花寺（村）东北 1 千米
古迹	和尚墓塔	位于西龙虎峪羊胡山上
古迹	菩萨顶楼	位于下营镇驻地东北天井山顶
古迹	清代王爷陵	位于孙各庄乡文烟台（村）西北
古迹	邦均汉墓群	位于邦均镇北侧
古迹	别山汉墓群	位于别山镇二里店（村）西北
古迹	围坊遗址	位于逯庄子乡围房（村）北
古迹	公输子庙	位于鼓楼北大街东侧
纪念地	盘山烈士陵园	位于蓟州城西北、盘山东南麓
纪念地	爨岭庙烈士陵园	位于下营镇刘庄子（村）东南
游览地	盘山游览区	位于蓟州城西北盘山

1.3.1 石器时代遗址

石器时代遗址主要分布于蓟州区下营、罗庄子、孙各庄、穿芳峪和渔阳等 5 个乡镇。2000 年，天津市文化遗产保护中心在蓟州区共发现旧石器时代遗址 13 处[1]。2007 年天津市文化遗产

1. 盛立双 . 初耕集——天津蓟县旧石器考古发现与研究 [M]. 天津 : 天津古籍出版社 ,2014:3-12.

保护中心对东营坊旧石器遗址进行考古发掘，相关监测样本距今不少于 4 万年。2015 年蓟州区新发现 14 处旧石器时代遗址，科研人员采集石制品千余件。天津地区旧石器时代遗址总量达到 27 处。采集的石制品原料多取自附近砾石层，原料以燧石、角岩、石英岩为主。剥片以锤击法为主，也存在一定比例的间接剥片法，采集到的石制品以中型和大型为主，石制品类型较为丰富，包括石核、石片、断块及工具等，工具种类包括刮削器、尖状器、砍砸器等。在蓟州境内青池遗址、弥勒院遗址、下埝头遗址、围坊遗址、张家园遗址出土的大量新石器时代的遗物，充分说明了黄帝部落曾在这一带生活过。蓟州区石器时代的遗址见表 1-8。北台遗址出土的部分石制品绘图见图 1-2。

表 1-8 蓟州区石器时代遗址

分类	地区	描述
旧石器时代遗址	子陵遗址、文烟台遗址、小平安遗址、北台遗址、七区遗址、杨家峪遗址、野沟遗址、大孙各庄遗址、周庄遗址、大星峪遗址、东营房遗址、东大屯遗址、朝阳洞遗址	东北部山区采集到 1 000 多件各类石质人工制品。根据出土地点的地貌特征推断，它们距今十万至一万年，填补了津门考古工作中无旧石器人类活动遗址的空白
新石器时代遗址	青池遗址、弥勒院遗址、下埝头遗址、围坊遗址、张家园遗址	燕山余脉的山坡上出土了一批磨制石器，陶器以夹砂陶为主，距今 7 500~6 500 年

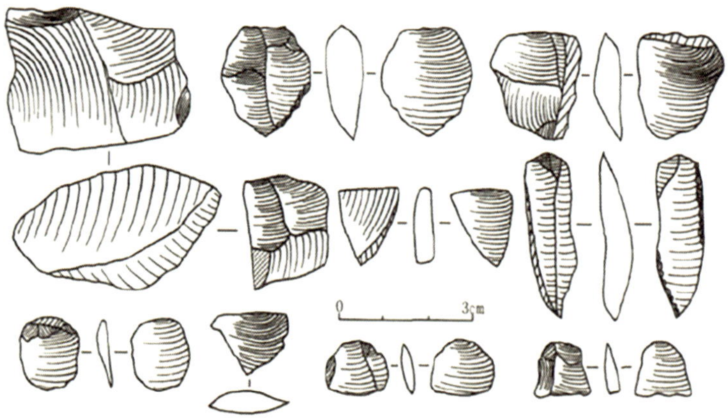

图 1-2 北台遗址出土的部分石制品绘图（王春雪，盛立双．天津蓟县北台旧石器地点调查简报 [J]. 中原文物,2013(4):4-7）

1.3.2 独乐寺

独乐寺俗称大佛寺，坐落于蓟州城内武定街西侧，坐北朝南，是由山门、观音阁和东西配殿组成的一组完整建筑群[1]。“朱彝尊《日下旧闻》引《盘山志》称：‘独乐寺不知创自何代，至辽时重修。’梁思成先生认为：‘寺之创立，至迟亦在唐初。’”[2]其于 1961 年 3 月成为全国重点文物保护单位，以古建、泥塑、壁画三大艺术著称于世。

在上千年的历史中，独乐寺经历了 37 次地震，其能保留至今，主要归功于历史上的多次修缮。关于独乐寺重建有史料记载“……故尚父秦王请谈真大师入独乐寺修观音阁，以统和二年冬十月再建，上下两级，东西五间，南北八架，大阁一所，重建十一面观世音菩萨像。”[3]尚父秦王是指辽代摄枢密使韩匡嗣。

独乐寺山门是中国现存最古老的高等级建筑的大门，北方另两处古老的寺门是大同善化寺金代山门、正定隆兴寺山门[4]。梁思成先生在《蓟县独乐寺观音阁山门考》中写道：“观音阁及山门最大之特征，而在形制上最重要之点，则内其与敦煌壁画中所见唐代建筑之相似也。壁画所见殿阁，或单层或重层，檐出如翼，斗拱雄大。”[5]独乐寺的庑殿顶式山门，三件四椽，四阿屋盖[6]。山门次间有两尊辽代金刚力士像，俗称哼哈二将。梁思成独乐寺手绘稿见图 1-3。

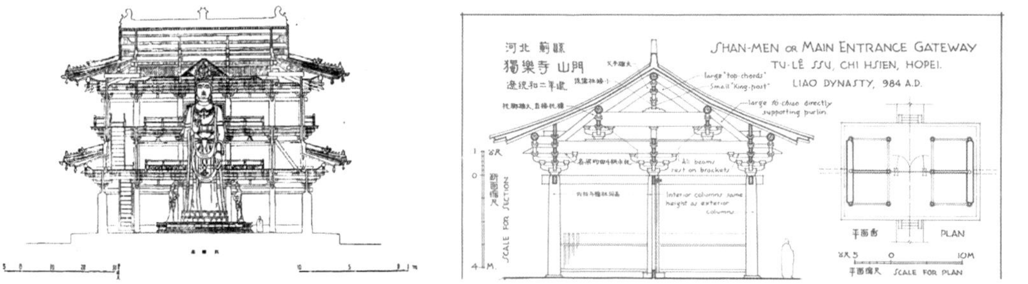

图 1-3 梁思成独乐寺手绘（组图），（梁思成，《梁思成文集》，中国建筑工业出版社，1982）

“独乐寺观音阁（图 1-4）是我国现存的殿阁木构架中年代最早的实物。阁高 23 米，明二暗一共为三层，阁中内槽柱之间三层连贯，形成井式空间，周围设置勾栏通道，中间塑立 16 米高的观音站像。”[7]观音阁的暗层是我国最古老的木结构，内部配置了长方形井口、六角形井口和八角形的斗八藻井，不仅使建筑物更加稳定和协调，同时也起到了富于变化的艺术效果。特别是上顶斗八藻井的配置，为我国最早的“斗八藻井”实例。观音阁的结构根据功能和位置的不同，共使用了 24 种、152 朵斗拱。

1. 金振东，刘春，董秀娜，等．蓟县志 [M]. 天津：天津古籍出版社，2006:73.
2. 韩嘉谷．独乐寺史迹考 [J]. 北方文物，1986(2):52-58.
3.《日下旧闻考》《盘山志．卷 3. 记刘成碑》.
4. 丁垚．独乐寺山门主梁构造节点的新发现 [N]. 中国文物报，2014-04-18(008).
5. 梁思成．蓟县独乐寺观音阁山门考 [J]. 中国营造学社汇刊，1932,3(1):75-114.
6. 陈明达．独乐寺观音阁、山门的大木作制度（上）[J]. 建筑史论文集，2002,15(1):71-88,259.
7. 魏剑伟，李铁英，李世温．独乐寺观音阁动力特征实测分析 [J]. 太原理工大学学报，2002(4):430-432.

图 1-4 独乐寺观音阁 ,(郝卫国摄 ,2018)

独乐寺现存 5 尊辽代泥塑（图 1-5），它们的造型和服饰同时具有唐代和辽代的风格特点。独乐寺观音阁内的彩色泥塑站像的本面上另有十个小佛头，根据塑像本面和小佛头的数量，其被称为十一面观音。

梁思成曾描写独乐寺壁画（图 1-6）“熟悉敦煌壁画中净土图者，若骤见此阁，必疑身之已入西方极乐世界矣”[1]。观音阁内四面山墙的壁画为元代时绘制，每面墙壁画面高约 3 米。壁画以两明王和十六罗汉为主题，间以佛教有关的神话故事、世俗题材和重修信士像。这组壁画在乾隆十八年（1753 年）被白灰覆盖，于 1972 年修整时才被发现[2]。独乐寺山门后稍两间是四大天王的壁画，于清代绘制。在古典传说中，南方增长天王手持宝剑，东方持国天王手持琵琶，北方多闻天王手持红盖黄伞，西方广目天王手握龙蛇。四大天王手持之物寓意“风调雨顺”。

独乐寺历史悠久，曾有许多历史名人在此处留下印记，相传唐代浪漫主义诗人李白在 52 岁

图 1-5 独乐寺观音阁泥塑，（郝卫国摄 ,2018）

图 1-6 独乐寺观音阁壁画，（公众号“原乡井峪”，2017）

1. 梁思成 . 蓟县独乐寺观音阁山门考 [J]. 中国营造学社汇刊 ,1932,3(2);1.
2. 赵智慧 . 浅谈独乐寺观音阁斗拱细部构造 [J]. 文物建筑 ,2019(00):120-130.

北游蓟县时，曾在独乐寺观音阁上层屋檐下匾额上书“观音之阁”四个大字，并落款太白。乾隆皇帝所题“普门香界”匾额悬挂在独乐寺观音阁明间内槽正中，独乐寺行宫现存乾隆书法碑刻共 28 块，诗文 107 篇。咸丰八年（1859 年）仲秋，咸丰皇帝去清东陵途中驾临独乐寺，应方丈之请，为四合院题写“报恩院”。“报恩”二字在此有两层含义。一则自乾隆十八年后，独乐寺被辟为皇家禁地，该寺方丈皆为御封，报答皇恩。二则佛家弟子怀恩四海，“上报四重恩，下济三途苦”。四重恩即佛恩、父母恩、众生恩、国土恩。在观音阁一层檐下悬匾额，上书“具足圆成”，这组碑刻除了有乾隆皇帝的书法真迹，还是古代著名书法大家作品的汇集。

1.3.3 白塔寺

“蓟州区独乐寺塔俗名白塔，坐落在蓟州区城内西南隅，在独乐寺南 380 米偏东 9 米处，是‘渔阳八景’之一，由束腰须弥座、八角重檐亭式塔身、窣堵波（覆钵）和相轮四部分组成。”[1] 白塔寺始建于辽代，是全国重点文物保护单位，是早期独乐寺的一个组成部分。因寺内塔身通体白色，俗称“白塔”（图 1-7，图 1-8），其素有“金峰平挂西天月，玉柱直擎北塞云”之誉。白塔寺的白塔高 30.6 米，塔座高 6 米。

图 1-7 蓟州区白塔寺白塔，（郝卫国摄，2018）

图 1-8 蓟州区白塔寺白塔立面图（天津蓟县独乐寺塔 [J]. 考古学报，1989(1):83-119.）

1. 天津市历史博物馆考古队，蓟县文物保管所 . 天津蓟县独乐寺塔 [J]. 考古学报 ,1989(1):83-119.

白塔束腰砖雕（图 1-9）是辽代砖雕的上品，主要题材是人物，描绘古代仕女舞乐伎。白塔上面壶门处的砖雕是研究辽代蓟州地区音乐、舞蹈、服饰、雕刻艺术的珍贵材料，现在已被收入《中国民族民间舞蹈集成》。

图 1-9 蓟州区白塔寺白塔细部（郝卫国摄，2018）

1.3.4 鼓楼

蓟州城区的主要街道以鼓楼为中心呈十字形，向东为文昌街，向西为武定街，本着文东武西的原则排列，“东有文昌庙，西有关帝庙”。因北斗星在天空北偏西方向，古人认为北斗星是吉星，能给人们带来好运，故鼓楼北面的街叫拱星街，其方向偏西北。蓟州区鼓楼始建于明嘉靖二十八年(1549 年)，历经风雨沧桑，并多次重修。其在明崇祯时焚毁，于清顺治时重修，在清康熙十八年（1679 年）因地震坍塌，清康熙三十三年（1694 年）重修。抗战中鼓楼的整体面貌遭到重创，1982 年后经过多次修缮，鼓楼恢复了往日的辉煌[1]。鼓楼南北两面，各有匾额，北曰“畿东锁钥”，南曰“古渔阳”。鼓楼广场南部的牌楼上题写了“紫气东来”。古楼广场夜景见图 1-10。

1. 郭新纪，赵学海 . 蓟县志 [M]. 天津：天津社会科学院出版社，南开大学出版社，1991:301 .

图 1-10 鼓楼夜景航拍（官子摄，2019）

1.3.5 黄崖关古长城

黄崖关古长城（图 1-11）全长 41 千米，有敌楼 52 座，烽火台 14 座，位于蓟州区北部山区。隋开皇三年（583 年）修榆关长城，蓟州长城由此开始[1]，黄崖关长城西与北京将军关相连，位于泃河西岸，号称“蓟北雄关”，始建于北齐天保六年（555 年）。明代蓟镇总兵戚继光在黄崖关长城建八卦城，并建实心楼、空心台、烟墩台、烽火台及“牛头马面”等建筑，其被誉为“中国万里长城之缩影”。现存的黄崖关长城分为太平寨和黄崖关两部分，关城是黄崖关长城建筑群的主体，多层次、多景点的规划将黄崖关长城分为三道防线，第一道防线是凤凰楼，第二道防线是主体城墙，第三道防线是八卦关城。

黄崖关长城承载着中华儿女保家卫国、可歌可泣的英雄事迹。明隆庆年间，爱国将领戚继光在蓟戍守长城 16 年。1984 年，天津市响应邓小平同志“爱我中华，修我长城”的号召，成立赞助活动指导委员会。1985 年初，黄崖关长城主体第一期修复工程动工，1985 年至 1987 年共重修墙体 3 025 米。

1999 年，由丹麦王国驻华大使馆、丹麦东方旅行社、福建康辉旅行社、黄崖关长城风景游览区发起的第一届中国 · 天津黄崖关长城国际马拉松旅游活动成功举办。之后，每年 5 月的第

1. 方放 . 天津黄崖关长城志 [M]. 天津 : 天津古籍出版社 ,1988:105.

三个星期六，天津蓟州黄崖关长城定期举办此项活动。

图 1-11 黄崖关长城（田申摄，2018）

1.3.6 盘山

盘山原名无终山，又名四正山、盘龙山、田盘山，素有“京东第一山”“东五台山”的称号。因盘山之上建有佛寺道观 160 余处、玲珑宝塔 13 座。

“根据《清高宗实录》记载，乾隆帝在位 63 年（含太上皇 3 年）中，前后巡幸盘山凡 32 次”[1]，留下“早知有盘山，何必下江南”的感叹。乾隆皇帝留下的吟咏盘山的诗文众多，静寄山庄、天成寺、万松寺、千相寺等处留有乾隆摩崖石刻 131 处。乾隆所绘的盘山见图 1-12。

盘山风景有三胜：上盘松胜，涛声似海；中盘石胜，千姿百态；下盘水胜，泉水淙淙[2]。清初诗人龙震称颂其“上盘

图 1-12《盘山图》（乾隆绘.《石渠宝笈续编·养心殿》. 故宫博物院，1745:856.）

1. 白新良. 乾隆帝巡幸盘山、天津述论 [J]. 历史档案，2007(4):62-67,72.
2. 方放. 天津黄崖关长城志 [M]. 天津：天津古籍出版社，1988:101.

松树奇，中盘岩石怪，下盘响流泉，十里闻澎湃”。乾隆皇帝曾赞叹：“天下何处无松，盘山之松天下松之宗。”中盘“北少林寺”——法兴寺始建于魏晋时期，是盘山年代最早的寺庙之一，元代时改名少林寺，后称北少林寺。下盘天成寺，寺旁有辽代古塔屹立，密檐 13 层，通体仿木造，每层都有砖雕佛龛、斗拱、窗棂，和独乐寺塔风格相似。盘山景观汇总见表 1-9。

表 1-9 盘山景观汇总 (2019 年)

分类	景观分类	名称
景点	盘山外八景	天成寺、万松寺、云罩寺、千像寺、盘谷寺、舞剑台、紫盖峰、浮石舫
	盘山内八景	静寄山庄、太古云岚、层岩飞翠、清虚玉宇、镜圆常照、众音松吹、四面芙蓉、贞观遗踪
	盘山新六景	半天楼、池上居、农乐轩、雨花室、泠然阁、小普陀
人文景观	盘山古寺	天成寺、万松寺、云罩寺、万佛寺、上方寺、法藏寺
	天津市级文物保护单位	天成寺古佛舍利塔、云罩寺定光佛舍利塔、北少林寺多宝佛塔
自然景观	盘山三盘胜境	上盘松胜、中盘石胜、下盘水胜
	元古奇石林	长寿亭、飞来泉、纳凉园、怪石林、七情谷、九洞天、石龙聚会
	盘山奇松	迎客松、凤翘松、伴塔松、挂钟松、姐妹松、探海松、鹰松

1.3.7 八仙山

八仙山国家级自然保护区（图 1-13）位于燕山山脉南坡，主要保护对象是天然次生落叶阔叶林生态环境和野生动植物资源，被誉为生物种质基因库和水源涵养地[1]。八仙山 900 米以上的山峰有 19 座，主峰“聚仙峰”海拔 1 052 米，是天津市最高峰。八仙山分为水峡游览区、八仙游览区、石洞沟游览区、太平沟游览区 4 个部分，植被覆盖率达 95% 以上，多山多水，1999 年被中国科协批准为全国首批科普教育基地，被誉为“中国北方的西双版纳”和“津门第一山”。八仙山具有科研和观赏价值很高的地质遗迹，不仅有太古界与元古界地层之间 8 亿年的地质跨越遗迹，还有太古界距今 25 亿年的长寿石。保护区内生长着热带、亚热带、温带、寒带的多种植物，有国家重点保护的 7 种植物，也是中草药的宝库。八仙山著名的软枣猕猴桃，维生素 C 含量高，被当地人誉为“水果之王”。野生动物多样性丰富。

八仙山原名“八仙桌子”，相传八仙在云游东海回来的路上经过此地，忽见眼下山峰林立，云雾缥缈，八仙兴趣大发，吕洞宾提议到人间看看。八仙按住云头，来到此处，不知不觉已是

1. 徐华鑫，张启良，张聪．天津蓟县八仙山自然保护区的特点与功能 [J]. 自然资源，1994(2):74-78.

落日偏西，八仙觉得腹内空空。铁拐李建议道："趁天色还早，咱们就在这里用饭，几位意下如何？"七仙很是赞成，便围坐在一起。曹国舅说："有个桌子用饭就舒服啦！"何仙姑闻听，便将荷花抛出，口中念念有词，不一会荷花变成了一张石桌，放在了八仙的中间。蓝采合手拿花篮，随口说道："何大姐想得全，石桌正好坐八仙。"至今这传说中的八仙石桌依然平稳地放在八仙山国家级自然保护区内。除了八仙的传说，八仙山还有八奇，即山奇、花奇、石奇、云奇、林奇、谷奇、鸟奇、水奇，共同造就了精彩纷呈、风景秀丽的景象。

图 1-13 八仙山（公众号"八仙山"，2020）

1.3.8 梨木台

蓟州区梨木台风景区（图 1-14）是国家地质公园、国家森林公园、国家 4A 级旅游景区，景区中、上部有约 6.67 平方千米的原始次生林，森林覆盖率达 90% 以上，园区内有温带、暖温带、寒带、亚热带、热带植物 130 多科，1 000 多种，其中包括多种中草药，如丹参、桔梗、柴胡、远志、知母等。野生动物种类丰富，此处被专家学者誉为"天津的神农架""北方的热带雨林"。蓟州区梨木台景区属于石英岩峰林峡谷地貌。登天缝是景区标志性地质奇观，两山夹缝内共有台阶 366 级。梨木台太古界长寿石是地球上最古老的岩石种类，有 26 亿～35 亿年的历史[1]。

1. 天津经济课题组 . 世外山水画传奇梨木台 [J]. 天津经济 ,2015(4):69-72.

图 1-14 蓟州区梨木台风景区（公众号“梨木台”，2019）

1.3.9 蓟州地质博物馆

蓟州区的地质博物馆是中国第一个国家级地质陈列馆，建立于蓟县中上元古界国家自然保护区内，位于蓟州城北府君山南麓，与蓟州区国家地质公园是一个有机的整体，占地面积达 1.7 万多平方米，建筑面积 5 000 多平方米，是一个能系统反映中上元古界地层剖面的地质陈列馆。展馆典型、完整、系统、稀有、科学地记录了地球的地质历史、地质事件和形成过程，"为地质学领域的研究、地质遗迹的保护、自然遗产永久的利用发挥着积极作用。"[1]

2006 年，地质博物馆由天津市发改委批准立项，项目由天津大学建筑设计规划研究总院负责设计。博物馆的设计选取了大自然中的地质景观和生物遗迹形象作为建筑创意的主题，展现建筑与地质公园的和谐关系。"在博物馆设计中，层的地质、叠的历史、层叠的岩石、层层叠叠的建筑作为贯穿始终的设计主线，采用在自然界经过数亿年演化而成的地质形象来塑造建筑的形体和空间，体现建筑造型与自然环境相互和谐的生态建筑理念"[2]（图 1-15）。

图 1-15 蓟州地质博物馆设计效果图（张华，2006）

1. 张华，王倩 . 来自大地的建筑——天津蓟县国家地质博物馆设计 [J]. 建筑学报 ,2010(11):67-68.
2. 张华，王倩 . 来自大地的建筑——天津蓟县国家地质博物馆设计 [J]. 建筑学报 ,2010(11):67-68.

蓟州区的地质博物馆是一座现代化、高科技、独具天津特色的地质博物馆，它以地质景观、自然奇石和生物遗迹作为构思主题，设有地质展馆和历史展馆，是中国唯一系统介绍中上元古界地层剖面的博物馆，而且还是国内同类展馆中规模最大的。2009 年，其被原国土资源部列为科普基地。

2009 年以来，蓟州地质博物馆与天津地质调查研究院等单位合作，先后编制出版了《天津蓟县地质公园简介》《天津蓟县国家地质公园导游图册》《天津蓟县国家地质公园地质遗迹景点集》《天津蓟县地质公园光盘》《蓟县地质博物馆解说词》《矿物化石标本解说辅导材料》和《普通地质参考资料》等科普宣传材料[1]。

1.4 特色乡村概况

1.4.1 小穿芳峪村

小穿芳峪村（图 1-16）位于天津市蓟州区穿芳峪镇北部山区，南距天津市区约 120 千米，西距北京市区约 80 千米，附近有盘山风景区、清东陵、翠屏湖、毛家峪长寿度假村、九龙山森林公园等众多风景名胜区。

2018 年以来，该村凭借独特的地理位置，以打造“小穿乡野公园”为重点，同步提高村民生活质量，大力发展特色旅游，融入文化内涵，导入民族品位和地域风格，明显体现出“厚厚的乡情，浓浓的野趣”，做到村中有景，景中有村。在镇政府和村两委的努力下，仅用短短不到两年的时间，该村已经初具“乡野公园”的特色。该村现已建好休闲广场、独具特色的景观河、房车基地，吸引了大量前来旅游观光的游客，不仅解决了本村一大批剩余劳动力的就业问题，还吸引了周围地区大量劳动力来该村打工。

在村两委带领下，村里的全部土地流转回集体，村民以土地入股，种植效益高、经济价值高的苗木。待苗木出售时按股份分红，这样一来，村民不仅解放了生产力，收入还比以前提高了许多。

村委会下一步重点打造的是村里的穿芳老街、村北的卧牛山以及卧牛山下的“响泉园”“问青园”，还有房车基地以东的“陕西关中民俗区”。这些景点个个有特色，处处是亮点，将给前来观光的游客不一样的感受。该村的特色旅游实行吃住分开，整体包院。特色小吃有内蒙古烤全羊、京东肉饼、陕西饺子、特色农家饭。当地特产有特色根雕、葫芦、虾米石、药膳、麻核桃、奇石等。

1. 赵海军 . 蓟县文物志 [M]. 天津 : 天津人民出版社 .2014:320.

图 1-16 小穿芳峪村，（小穿芳峪微博，2019-10-21）

1.4.2 毛家峪村

毛家峪村坐落在天津市蓟州城东 16 千米处的穿芳峪乡。虽地处深山老林，其长寿村的美名却享誉京东，现已开辟成目前华北地区唯一的一个以长寿为主题的度假村。毛家峪至今已有三百余年的历史，未发现一例癌症患者和疯、癫、呆、傻之人，人们都说是因为这里环境优越、气候宜人、水质纯净，有益健康，促进长寿。人们食用新粮鲜菜，丰富营养；经常运动，锻炼体魄；心胸开阔，心情愉悦。毛家峪村除了“长寿”主题外，还集红色旅游、山水旅游、休闲度假、健康理疗、文化体育、生态宜居及高端地产等多功能于一体，现已形成奇石林观石赏景科普游、情人谷森林养生长寿游、拓展基地团体合作游、山水城嬉戏水上游、山村学农采摘农业游、高山漂流勇者探险游、山地运动休闲体验游、长寿村食宿民俗游八大旅游经营业态。毛家峪村附近景观见图 1-17，景点见表 1-10。

1.4.3 果香峪村

穿芳峪乡的果香峪村 2019 年被评为天津市历史文化名村。果香峪原有两座王爷园寝，一是

图 1-17 毛家峪长寿度假村附近景观（王淑兰摄，2018）

表 1-10 毛家峪村景点（2019 年）

景点名称	简介或景观节点
天然大氧舱	毛家峪有万亩山林，每天能吸收 66 千克二氧化碳，释放出 48 千克氧气，能满足 20 万人吸氧。在毛家峪度假等于身处天然氧吧，有益健康
元古奇石林	崆岫迷宫石林（西石林）、卧虎藏龙石林（中石林）、元宝天书（东石林）
凤凰台	村南奇石林有三个突出的山头，即三道凤凰台，绿树成荫，风光秀美
纳凉园	松林纳凉园、栎树纳凉园、松林枣树纳凉园
清泉水	老龙泉、凤眼泉、飞来泉、老象泉、青龙泉和黄崖飞瀑泉
情人谷	情人洞、天然情侣帐篷、雄狮迎客、二虎把门、鸳鸯树、鸳鸯果、鸳鸯松
采摘园	日本爱宕梨、无墙核桃、苹果、柿子、酸梨等水果采摘园，蘑菇采摘园，中草药采摘园
九洞天区	3 个战备洞以及鸳鸯洞、龙凤洞、拥军洞、情人洞，还有两个待开发的石花洞
石龙聚会	在村东南的卧龙湾悬崖峭壁上，有 32 条石龙会聚于此，有青龙、白龙、赤龙和五颜六色的彩龙

和硕恒恪亲王弘晊园寝，另一座是其子清恒敬郡王永皓园寝。因弘晊园寝坐落在村北，被当地人称为“北陵”；永皓的园寝坐落在村西，俗称“西陵”。北陵目前仅存神桥一座（图 1-18），而西陵除平、拱神桥各一座之外，尚有地宫，地宫早年曾被作为水窖储水。地宫入口为一口竖井，内部完整，石雕精美。

严格地说，皇帝的墓称作陵寝，或陵；亲王、郡王及妃嫔的墓称作园寝，或寝；官员或百姓的墓地称为坟。恒郡王之墓应该称作“园寝”而不能称作“陵”，当地人俗称其为“西陵”。

图 1-18 果香峪“北陵”神桥（公众号“小格格说历史”，2016-05-05）

1.4.4 郭家沟村

郭家沟村（图 1-19）位于下营镇东部，依山傍水，山湖相依，泉甜物美，民风淳朴，距黄崖关长城约 5 千米，2013 年被原农业部、国家旅游局评为全国休闲农业与乡村旅游示范点。

2012 年，蓟州区以郭家沟为试点，开始探索“全景式乡村旅游体验”和“美丽山水体验”道路，意将郭家沟建设成为“京津冀地区最具中国北方民居特色的水乡旅游目的地”，打造一个具有浓郁水乡特色的旅游专业村。依托郭家沟水库与周边密林，村中修建了 21 个小湖，使每个农家院与水相邻，以小桥相连，沿村边公路、溪流栽植各种花、果树，用藤蔓植物作为自然的篱笆，用葫芦、丝瓜、南瓜等攀缘蔬果代替花卉；依托自己固有的自然环境优势，发展生态农业，经营农家旅店，通过乡村旅游逐渐探索出致富的道路，形成了一个品牌、一面旗帜。这里最有特色的是入村的通道，是一条 1 000 米长的绿色长廊，长廊棚架上攀爬着葫芦、丝瓜、豆角、猕猴桃等，既美化了村庄环境，又可成为一处景观，在结果季节还可以开展采摘项目。

乡村旅游火了，到处可见厚实的青瓦青墙，铁质的采摘棚，河里漂着的木船……但套路和格式化的设计却使乡村逐渐缺乏了乡土味，过度设计和建设人造景观透支着乡村的活力。

图 1-19 郭家沟村鸟瞰
（渔阳一叟摄，2018）

蓟州区特色村庄汇总见表 1-11。

表 1-11 蓟州区特色村庄汇总（2019 年）

村名	特点	定位	文化、景观元素
西井峪村	摄影	石头村、民俗摄影村和影视基地	皮影、石头建筑
东井峪村	奇石	原生态自然景观	原始村貌与意趣天成的地层剖面中的奇石资源
东果园村	神秘	神秘谷，群山峡谷之中的村庄	山水风光、怪石奇景
小穿芳峪村	乡野气息	“厚厚的乡情，浓浓的野趣”，做到村中有景，景中有村	历史上文人墨客云集，自明清以来，多有朝廷官员和文人隐居在此修建园林、怡情山水；农耕文化
郭家沟村	红色圣地	依山傍水，溪流绕村，精品民宿，文明生态村	长城文化，水乡文化
常州村	红色圣地	“塞外第一村”，丰厚的历史积淀	抗日战争时期，该村曾是八路军在华北地区抗日的主要联络点、冀东抗日机关的宿营地
毛家峪村	长寿	“长寿”旅游休闲度假产业	特色根雕
苦梨峪	天然氧舱	大山深处的“天然氧舱”	苦梨峪属于中上元古界长城系大红峪组，宏观藻类化石和古生物化石极为丰富

1.5 渔阳镇概况

渔阳镇是蓟州区的政治、经济、文化中心，1953 年此处置城关乡，1981 年分置城关镇公社、城关公社，1983 年改城关镇、城关乡，1985 年合并为城关镇，2008 年更名渔阳镇，下辖 71 个行政村。渔阳镇自然条件、生产条件优越，经济较发达，历史悠久，有“蓟州第一镇”之称。渔阳镇有山、有水、有平原。古代潮河、白河流至渔阳后，散流成数十条细流，使这里成为水乡泽国。渔阳故城依山傍水，北部为山区，南部为平原，具有明显的军事优势。

1.5.1 渔阳镇资源概况

渔阳镇北倚燕山山脉，南临翠屏湖。燕山山脉为渔阳镇带来丰富的物产资源，有远近闻名的燕山板栗、核桃、磨盘柿等和生态林，还有丰富的矿产资源如紫砂、石灰石以及可供周边大城市建筑用的各种石材。翠屏湖原名于桥水库，兴建于 1959 年 12 月，是天津市最大的淡水湖，库容量 15.59 亿立方米，水库盛产鱼虾，鼋鱼、鳜鱼、鲫鱼、金翅鲤鱼曾为皇室贡品。渔阳镇既有千年古刹独乐寺、白塔寺、鼓楼、鲁班庙、文庙等一大批文物古迹，又有府君山、翠屏湖和国家级历史文化名村西井峪村等丰富的旅游生态资源，此外还有众多古树名木、古碑、石刻等。

渔阳镇区位交通优势明显，西距北京 88 千米，南距天津 110 千米。京哈、津围、邦喜公路和京秦、大秦、津蓟铁路横贯境内，交通便利。特别是津蓟、蓟平高速的通车，使渔阳镇融入了京津一小时经济圈。

1.5.2 渔阳镇产业特色

1. 农业特色

渔阳镇农业产业化建设迈出新步伐，产业结构日臻完善。镇党委、镇政府一直把农业、农村和农民问题当作关系改革开放和社会主义新农村建设全局的重大问题，坚持以市场为导向，以科技为动力，引导扶持农民积极发展优质高效、适销对路的农副产品。镇内现已建成“无公害绿色蔬菜、红提葡萄、苗木花卉、肉鸡养殖、蛋鸡养殖、生猪养殖、农副产品藏贮配送”七大主导产业，初步形成了一村一品的格局，确保了农业增效、农民增收，为镇域二、三产业的发展蓄积了充足的后劲。

2. 工业特色

渔阳镇工业经济迅猛发展，行业涉及服装、食品、陶瓷、矿山开采、水泥加工、农副产品贮藏及深加工等。其中，服装加工出口及食品深加工已成为今日渔阳的支柱企业。典型的天津兴华服装有限公司、冀东服装厂等十几家服装企业和以虎豹调味品酿造公司为龙头的近 20 家食品加工企业发展势头强劲，在国内外销售市场均占有一定份额。

3. 第三产业特色

渔阳镇第三产业和个体私营经济日新月异。镇内围绕“以市场兴镇，以商活市场”的指导思想，按照全面规划、逐步实施、统一开发、配套同步的总体思路，先后开发建设了明珠大楼、龙港商贸区、东方商厦、蓟州蔬菜批发市场、蓟州服装百货批发市场、蓟州建材大世界等一大批个体工商业经营场所，为个体私营经济发展创造了广阔的空间和舞台。

第 2 章

西井峪村庄自然

“自然地理因素是乡村聚落形成和发展的基础。”[1] 自然界的水圈、生物圈、大气圈互相交错、重叠分布，且各部分相互渗透[2]，人类作为其中的一部分，行为活动受地表的自然地理状况影响。乡村聚落“一方面以新的物质形态存在于自然环境中，对环境系统产生作用；另一方面，它的区位选择、内部结构和外部形态也无不受到自然条件的影响”[3]。

四面环山、依山而建的西井峪村位于中上元古界国家地质公园的范围内，村庄农耕用地依照山的走势布局，造就了现如今独具特色的石砌梯田景观。西井峪村依靠中上元古界丰富的石头资源，形成因石而生、因石而居、因石而乐的历史风貌。西井峪村清代成村，距今有近 400 年的历史。村庄群山环抱、绿树蔽舍，是典型的北方塞内山村布局。西井峪高程汇水情况见图 2-1。

图 2-1 西井峪高程汇水情况（天津市城市规划设计研究院，2018）

西井峪村较完整地保留了清末民初时期的街巷空间、建筑群体格局和村落环境。西井峪村由主村、山前、后寺、下庄子 4 个自然村组成。村庄位于饽饽山以南、府君山以北，地势呈北高南低的态势，平均海拔约 220 米，主村院落分布范围在海拔 130 ~ 200 米之间。村庄距蓟州城区约 2.5 千米，与渔阳古城一山之隔，交通十分便利，临近两条省道，南侧为 302 省道，北侧为 101 省道，由蓟州城区经中昌北道可直接进入村内。村域面积 288 万平方米，其中有林地 117

1. 杨忍 . 基于自然主控因子和道路可达性的广东省乡村聚落空间分布特征及影响因素 [J]. 地理学报 ,2017,72(10):1859-1871.
2. 刘南威 . 自然地理学 [M]. 北京 : 科学出版社 ,2010.
3. 樊绯 , 吴得文 , 陈铁柱 . 农村聚落选址影响因素分析 [J]. 海南师范大学学报 (自然科版),2009,22(04):462-467.

万平方米，耕地 20 万平方米，建设用地 51.8 万平方米，含西井峪村核心保护区总用地面积 13.4 万平方米。村内民居总建筑面积约 23 082 平方米，历史传统建筑面积为 7 270 平方米，宅基地（包括棚子）合计 309 处，西井峪文化古村游览图见图 2-2。

图 2-2 西井峪文化古村游览图（九略旅游管理有限公司，2019）

西井峪村于 2005 年开始开发以摄影为主题的乡村旅游业，2010 年被评为第五批中国历史文化名村。2015 年村委会引进设计团队对西井峪村进行保护性开发。截至 2019 年，西井峪村内共有 282 户人家，约 776 位村民，其中常住户数 249 户，常住人口共计 637 人。

2.1 西井峪村自然条件

2.1.1 西井峪村气候特征

西井峪村属于暖温带半湿润大陆性气候，夏季高温多雨，冬季低温干燥，春秋时间较短，全年降水集中于夏季。冬季雨雪稀少，大风天气较多。“西井峪地区需要采暖的总时间可达全年的 65%，冬季 12 月至来年 2 月需要依靠传统采暖方式或者与主动式太阳能结合，被动式太阳能采暖集中于一年当中的 4、5 月和 10 月。夏季 6—8 月可通过自然通风、建筑蓄热方法解决夏季降温的需求。”[1]

1. 齐羚，马梓烜，郭雨萌，等. 基于微气候适应性设计的天津市蓟州区西井峪村山水格局分析 [J]. 中国园林，2018,34(02):34-41.

2.1.2 西井峪村地质特征

1. 土质土壤

西井峪村土质属于复石灰性褐土亚类，土体结构为均质性。紧密的板状页岩受风化作用较为迟缓，常常形成大量的岩石碎块。土壤质地为重壤土，特点是养分含量高，保肥力强，拱肥力差，发老苗，不发幼苗，适合种植小麦、玉米、水稻、高粱等作物[1]。

2. 中上元古界井儿峪组地质剖面

西井峪村位于蓟州区中上元古界国家地质公园最南端。1985 年，专家将蓟县中上元古界地层剖面分为 12 组[2]。西井峪村被划入青白口系井儿峪组。1934 年高振西为井儿峪命名，命名剖面位于西井峪村。独特的中上元古界地质剖面是西井峪村建筑景观风貌形成的基础。这里岩石厚度为 203 米，下部主要是碎屑岩，上部岩性较简单，均为含泥微晶灰岩和略含白云质的灰岩，有砖红色、紫红色与灰白色互层的微晶灰岩等，“形成于陆源碎屑供应不足、碳酸岩发育的滨岸环境，海水能量较低，以潮汐作用为主”[3]。“由下向上组成了向上变深的沉积层序[4]。”这里的微体古植物化石以单细胞粗面球形藻为主，据地质学家测定有 8.5 亿年左右的历史。岩性及厚度的变化有助于人们对古地貌的研究，也展示了 8 亿年间海水潮涨潮落、风雨剥蚀的时光痕迹。中上元古界地层剖面见图 2-3。

图 2-3 中上元古界地层剖面（牛瑞甲摄，2018）

1. 郭新纪，赵学海．蓟县志 [M]. 天津：天津社会科学院出版社，南开大学出版社，1991:143.
2. 我国第一个国家级地质自然保护区在天津蓟县建立 [J]. 水文地质工程地质，1986(02):59.
3. 周洪瑞，梅冥相，罗志清，等．燕山地区新元古界青白口系沉积层序与地层格架研究 [J]. 地学前缘，2006(06):280-290.
4. 胡华斌，田立富，孙黎明，等．燕山西段青白口系井儿峪组划分及其地层意义 [J]. 河北地质学院学报，1996(06):719-723.

3. 矿石资源

1）叠层石

叠层石“被认为是地球上最古老的化石，是地球上探索生命起源和生物演化的直接证据”[1]。1908 年，E. 科尔柯乌斯基 (E.Kalkowsky) 定义了“叠层石”术语。1974 年，奥拉米克（Awramik）等对叠层石的定义做了厘定，认为“叠层石是以蓝菌（蓝藻）为主的微生物在生长和新陈代谢活动过程中黏附和沉淀矿物质或捕获矿物的颗粒而形成的一种生物沉积构造”[2,3]。

西井峪村所在的中上元古界剖面叠层石资源丰富。在约 10 亿年前的古生物参与下，这些叠层石形成。叠层石的主要价值在于能够划分、对比某一地区的地层、地理、生物、环境的演变及灭绝规律，具有较高的科研价值。由于石材中的氧化钙、氧化镁、二氧化硅含量适度，其被用作特种水泥的原材料，而且是“花纹流畅、色彩艳丽、天然的装饰材料和优秀的雕刻原材料”[4]。当地老百姓称其为虎皮石（图 2-4）。

图 2-4 西井峪村建筑用石（牛瑞甲摄，2019）

2）峪水坡页岩矿

中上元古界下马岭组页岩分布于渔阳镇白马泉及西井峪村。峪水坡页岩矿区南北延伸 1 400 米，东西宽 600 米，面积为 0.84 平方千米，矿层总厚度约 110 米，夹层厚约 40 米，页岩 B 级 +C 级 +D 级储量达 2 072.59 万吨[5]。

1. 温志峰，钟建华，李勇，等 . 叠层石成因和形成条件的研究综述 [J]. 高校地质学报 ,2004(03):418-428.
2. 曹瑞骥，袁训来 . 中国叠层石研究进展 [J]. 古生物学报 ,2009,48(03):314-321.
3. 常玉光，郑伟 . 叠层石研究现状及进展 [J]. 沉积与特提斯地质 ,2012,32(02):89-93.
4. 张书义 . 天津市蓟县中上元古界国家自然保护区 [J]. 城市 ,1989(01):48.
5. 郭新纪，赵学海 . 蓟县志 [M]. 天津：天津社会科学院出版社，南开大学出版社 ,1991:126.

2.1.3 西井峪村河流水系

西井峪村地表径流较少。西井峪村地层岩性复杂多变，以页岩、砂岩为主，层间夹有泥质灰岩、砂砾岩，蓄水条件较差。村中主要依靠自然降水进行农事活动。虽然岩层本身的赋水条件较差，但由于受断层影响较大，裂缝较发育，除页岩地层外，其余地层仍能开采出较丰富的基岩地下水。在东井峪、西井峪和白马泉等地打的机井，单井出水量均在 70 立方米 / 小时以上[1]。

2.2 西井峪村概况

2.2.1 西井峪村产业特色

1. 农业特色

“农业景观是基于农业生产活动和农业大环境的景观。”[2] 种植业是乡村最重要的产业，受地域的影响，不同地区的种植景观也具有差异，气候、地形和土质都是影响种植的重要因素。西井峪村具有典型的北方旱作农业景观，有“田叠千层千米错，云飘万种万丝萦”的梯田景观，“小麦覆陇黄”“柿红梨紫漫山熟”的田园风光，“晨兴理荒秽，戴月荷锄归”的山居景象，带给人们“望得见山，看得见水，记得住乡愁”的感受。

村落周边丰富的林地资源是发展森林旅游和果品采摘观光的基础。在政府引导和企业支持下，西井峪村大力发展农业旅游，进行特色农产品经营，完善相关配套设施，重点发展特色产品，形成了集农耕文化、民俗风情、田园生活、乡村风貌、农果品尝、文化娱乐等为一体的特色人文与自然景观[3]。这些独具特色的自然和人文景观构成了村庄的农业景观。

2. 手工业特色

温铁军在“乡建智慧”——乡村实践论坛中提出：“农民既是一种职业，也代表居住生活在特定地理环境的人群，还代表社会中的阶层或某种特定文化。农民既以农业为生，又兼具工匠的角色。农户既是家庭农场的经营单位，也是一个手工业生产单位。”乡土经济与城市当中

1. 郭新纪，赵学海 . 蓟县志 [M]. 天津：天津社会科学院出版社，南开大学出版社，1991:143.
2. 王仰麟，韩荡 . 农业景观的生态规划与设计 [J]. 应用生态学报，2000,11(2):265-269.
3. 杨蕾，张义珍，张博 . 河北观光农业的发展思路与营销策略 [J]. 商业时代，2006(23):109-110.

的商品经济存在着很大的不同，它是一种农工混合经济，以“家庭工业”和“作坊工业”为表现形式的乡村工业与农业形成有效配合，共同支撑乡村家庭经济。

“乡村手工业形态是指农民从事手工业活动时所采取的生产形式。”[1] 乡村中的经济多是以家庭为单位的小型作坊及合作社。彭南生将近代乡村手工业概括为 3 种基本形态[2]：农民家庭手工业、农村作坊与工场手工业、工匠手工业。农民家庭手工业以家庭劳动力为主体，具有资本较小、工艺简单的特点；农村作坊与工场手工业是指在家庭以外拥有固定的制造场所，并使用家庭成员以外的劳动力进行生产的手工业形态；工匠手工业往往传承着某种特殊的手艺。由于学徒制度的血缘性和地域性等色彩，工匠手工业易产生在地域上的传承性，从而形成一些以某种手工艺著名的村庄。

西井峪村特殊的地理环境造就了最有代表性的砌石技艺，其因砌石房屋、石头街巷的特色故而被称为“石头村”。改革开放以前，村民主要靠种果树和庄稼为生，村民的衣食住行产生了独具西井峪特色的手工技艺，“十坊”因此产生，包括草编坊、缝秀坊、漏粉坊、老磨坊（图 2-5）、皮影坊、饽饽坊、砌石坊、豆腐坊、菜干坊、陶艺坊。

图 2-5 西井峪村老磨坊（牛瑞甲摄，2019）

3. 服务业特色

西井峪村村民主要从事传统农业、旅游产业，有的村民外出务工。2002 年以后，村庄服务业逐渐发展起来，村内的农家逐渐发展成为农家院、优选农舍、精品民宿 3 种不同标准的旅游居住产品。村内对村民和民宿服务人员进行集体培训，同时开发了大量的民俗体验项目，将农

1. 温铁军 . 生态产业化和产业生态化 [R].“乡建智慧”——乡村实践论坛 ,2019-10-27.
2. 彭南生 . 论近代中国乡村手工业的三种形态 [J]. 华中师范大学学报（人文社会科学版）,2007,46(1):56-64.

业和旅游业结合[1]，打造独具西井峪场域特色的体验式景观，从而促进体验经济的发展。

西井峪村的乡村旅游产业经历了近 20 年的探索，在这个过程中经历过辉煌，也遭遇过困境。但经过多年的探索，西井峪经济发展的整体趋势是螺旋式上升的。改革开放前，村中主要依靠农业自给自足。20 世纪 90 年代，村中开始发展采石、运输行业。2004 年响应国家生态文明政策的号召，西井峪村关了采石场。2005 年乡村旅游兴起，小部分村民从事乡村旅游产业，同年村委会开始发展“民俗摄影”，但由于基础设施落后、管理缺失、眼界局限、劳动力缺乏等，西井峪村的发展面临严重问题。2015 年随着政府部门引进策划团队，村庄发展迎来新希望。西井峪村以“记住乡愁，拥抱品质”为目标，进一步发展了乡村旅游业。村内的旅游旺季为 4—11 月和春节，60% 游客来自天津，30% 来自北京、河北，10% 来自其他地区。目前村内旅游业态较为单一，仅涉及民宿、餐饮服务和农副产品售卖。村子的远期规划是保护村落历史文化，挖掘自然人文资源，目标是建成以农户为接待单元的特色小镇。至 2019 年，西井峪村共有旅游接待处 30 余家，其中包括民宿 12 家、农舍 6 家、农家乐 14 家，成为京津冀地区小有名气的乡村旅游地。

2.2.2 西井峪村交通分析

1. 城市尺度下的交通分析

西井峪村距渔阳镇 2.5 千米，交通便利。蓟州北火车站和蓟州长途客运站都是天津到北京的经停站。北京、天津、唐山的游客通过铁路交通和陆路交通到此十分便捷。村子与周边城市的交流密切。唐山市到达蓟州区可乘坐 D6636、K266、K7716、K916 次列车，交通花费时间均在 2 小时左右。2018 年底蓟州高铁站建成，京哈高铁蓟州龙湾站投入运营，蓟州到北京的运行时间缩短至 30 分钟，未来，天津至承德高铁将借道京哈铁路，经停蓟州高铁站，缩短津蓟铁路运行时间。

蓟州区内蓟平、京秦、津蓟、塘承 4 条高速公路构成“两横两纵”的高速路网框架，北京城区、天津城区、唐山城区、承德城区到达蓟州城区的驾车时间均为 1.5~2.5 小时，符合短距离旅行的基本交通要求。

2. 乡镇尺度下的交通分析

西井峪村位于府君山公园范围内。渔阳镇将该地区规划为西井峪村风景区及崆峒山风景区两部分。西井峪村距蓟州北站约 7 千米，距蓟州客运站约 8 千米，从两个车站到达村庄的车程均为 20 分钟左右。通往西井峪村的路径有 2 条车行路、2 条步行路。游人开车可从东侧、西侧

1. 胡晓李 . 蓟县西井峪村 [J]. 农家书屋 ,2016(03):12-15.

两条上山路径行驶，在西井峪村西侧“西崖远眺”处入村或者从西井峪村东侧村委会旁入村，两侧分别设置了停车场。另两条观光徒步路线起点在渔阳镇外环路天桥处，于此上山，通过府君山的东、西盘山路到达西井峪村界。这两条路主要作为渔阳镇市民晚间健身活动的路径，徒步上山时长为 0.75~1 小时。

3. 村域尺度下的交通分析

西井峪村内有两条主要道路，是村域范围内的一级道路，承担乡村机动车通行功能，其中一条贯穿村庄东、西两个入村口，以沥青铺装，便于外来车辆行驶。另一条道路为村内前当街，连通村内各条次级道路，主要为村民与旅游者提供服务，以页岩铺装，在夜晚可供村民泊车。

西井峪村的次要道路主要为南北向的步行路，依地形而建，通常具有较大坡度，如东磨道、西磨道。道路坡度可达到 30° 以上。道路及周边材料以传统石材干砌而成，串联村内的主要农家院、农舍、民宿。

西井峪村的三级道路以各院落入户道路为主，该道路主要由各家宅基地围墙外部围合形成，属于自然生长的道路，未经过刻意规划。

2.3 周边村落概况

2.3.1 东井峪村

东井峪村位于蓟州区中上元古界地质公园的终点，具有相当重要的保护价值。20 世纪末为保护中上元古界地貌，东井峪村民迁出，大部分村民现居住在西井峪行政村的山前自然村和桃花园村。村落东侧的陡峭山体中标准地层剖面沉积形象最丰富，表现出波痕、斜层理、风暴沉积、地震沉积等数十种痕迹。由于无人居住，东井峪村目前已成为废墟（图 2-6）。2016 年，渔阳镇政府与天津市城市规划设计研究院举办了以“乡土共生”为主题的“废墟 · 重生”东井峪乡村景观国际设计竞赛，回收利用残留石头与传统材料，基于传统生产性景观，营造参与性景观，通过广泛的方案征集，对东井峪文化进行挖掘，为乡村注入新的活力。

2.3.2 桃花园村

桃花园村是天津市蓟州区渔阳镇下辖的行政村，位于府君山东侧，属国家地质公园范围，“逆掩断层形成的飞来峰地貌是度假村的整体构景。”飞来峰地貌（图 2-7）由逆掩断层形成，具有

图 2-6 东井峪村废墟现状（唐柯炎摄，2019）

极高的科研价值，眺翠山最具代表性。桃花谷、龟背山、桃山、石海和牛脊岭都在桃花园村的规划范围之内。

村庄周边生态资源丰富，有广袤的油松林、果林和各种珍稀植物，其中以磨盘柿尤为出名，村内盛产苹果、梨、核桃、杏、板栗等，还有中华秋海棠、流苏、核桃楸、野葡萄和猫眼草等药用植物。

桃花园村充分利用独特的文化景观和自然景观，开发桃花园生态度假村项目，满足都市人“向往自然、渴望回归自然、亲近自然、追求绿色”的时尚需求。

图 2-7 桃花园村飞来峰（组图）（徐波摄，2020）

2.4 西井峪村物产

2.4.1 杂粮水果

1. 峪粟

西井峪因为地处山区，土壤多石块，土层薄，降水稀少，小米、高粱、玉米等作物就成了当地重要的粮食来源。小米作为西井峪地方特产，古时还作为贡米进京供王公大臣们享用，虽然产量不高，但是在品质与口味上绝对一流。村民们严选古老优良品种，绿色种植，施用农肥，使用传统工艺手工筛磨，造就了独一无二的井峪小米（图 2-8）。西井峪的小米特别在地窖中储藏，仍能保持新鲜的味道。

图 2-8 小米种植（公众号“遇见西井峪”，2015）

2. 磨盘柿子

唐代段成式云柿树有七绝：“一益寿，二多阴，三无鸟巢，四无虫，五霜叶可玩，六嘉实，七枝叶肥大。”霜降前后，正是柿子完全成熟之时，此时节的柿子肉厚、味美、营养丰富，深受大家喜爱。因此从霜降这一天开始，西井峪村的村民们开始上树摘柿子，采摘柿子时会用“柿兜子”勾上一整天（图 2-9）。秋季游客来到西井峪村可以看到漫山遍野的柿子树，柿树枝头挂满了红彤彤、圆润饱满的柿子，尤其是在村口东边的石砌梯田上，除了柿子还有火棘，组成一派生机勃勃、红红火火的丰收景象。

天气转寒，吃柿子不仅可以防寒保暖，而且还能补筋骨，是非常不错的霜降节气食品。西井峪山地有万棵柿子树，百年以上的老柿子树遍地都是，田间地头、石街小巷到处都是柿子树。

有时走着走着，突然一个红彤彤的柿子从枝头落下，让人先惊后喜。村民们除了在柿子成熟时摘下生食，还把它们做成柿饼，在冬季或年节食用。摘柿子、晒柿子、做柿饼的场景在西井峪处处可见。未熟的柿子中含有大量鞣酸，入口极涩，还会与胃酸发生反应形成结石，磨盘柿在自然条件下变软就算成熟了。为了能尝到脆甜的熟柿子，村民一般会将其人工“酥”熟，将涩柿浸泡在 50~60 ℃的温水里，浸泡 1~2 天，即可除涩。或将其与苹果、梨一起放置于阴凉处 1 周左右，柿子就能变得软甜。西井峪的柿子肉厚，适合做柿饼，但要趁还没熟的时候做。在西井峪，村民还是采用传统的小刀削皮，刀子在村民手中转上几圈，一个柿子的皮就被削得干干净净。柿子没有皮，里面的水分才能晒出。鲜柿子经过选果、去皮，选阳光充足、空气流通的地方进行天然晒制。柿饼在风干过程中水分蒸发，果糖在此过程中析出，表面呈现的白色物质为柿霜。柿饼所含的维生素和糖分比一般水果高 1 ～ 2 倍，西井峪村原产大柿饼有嚼劲，且非常甜。

图 2-9 西井峪村村民采摘磨盘柿子，（公众号“遇见西井峪”,2017）

柿子含有较多的淀粉，古人用其代粉充饥。明张定《在田录》记载：“高皇微时，过柴村，已二日不食。至一所，乃人家败园，兵火之后，唯一树霜柿正熟。上取食之，十枚便饱。拔采石，取太平，过此。因下马，以赤袍加之，曰：‘封尔为凌霜侯。’”柿子含有丰富的维生素和胡萝卜素，药用价值高。清代查慎行称柿饼“齿疏宜软美，喉润觉清空。止嗽方殊验，回肠味无穷。”熟柿子有清补功能，可补虚劳，健脾胃，祛痰止咳，通耳鼻气，生津止渴。柿蒂与丁香、生姜煎汤服用，是止嗝逆的良药。柿蒂用瓦焙干、研末用水冲服，可治疗腹泻。柿饼外面的白粉称“柿霜”，有润喉的功效[1]。柿子树树冠优美，霜期过后叶片变红。磨盘柿果实体大、颜色橙红，秋、冬季具有很高的观赏价值。村支书周维东家的院子中就种着几棵柿子树，他的家人将柿子去皮晾晒在院子里，远远看去橙红一片，周奶奶说柿饼可以润肺止痰，家中的孩子都喜欢吃。在西井峪，柿子从来不会被摘净，每棵树的枝头上总会留一些柿子（图 2-10、图 2-11）。村民说：“留些柿子给喜鹊过冬，来年喜鹊还会回来，帮着吃掉树上的虫子，收成好着呢！”这就是人与自然和谐共处的智慧。

1. 胡青素，龚榜初，谭晓风，等. 柿子的应用价值及发展前景 [J]. 湖南农业科学，2010(01):103-106.

图 2-10 磨盘柿子与喜鹊（公众号“遇见西井峪”,2018）

图 2-11 秋天的柿子树（公众号“旌期微天下”,2018）

3. 井儿峪酸梨

蓟州区井儿峪的梨（图 2-12）与盘山柿子齐名，享誉全国，是水果中的珍品[1]。其颜色金黄，皮儿薄，果肉细腻。酸梨味酸，久存变软之后，味道会变甜。其因口味独特，在当地独一无二，

1. 金振东，刘春，董秀娜，等 . 蓟州风物志 [M]. 天津：天津古籍出版社，2006:20.

在清朝为皇室贡品。村民常削其皮加冰糖煮着吃，也可与葡萄干、山楂、红枣之类一起食用。在蓟州区，老百姓认为酸梨梨核有治疗感冒的功效。

井儿峪酸梨成为贡品，源于清朝康熙年间。传说康熙微服私访路过此地，远见山坡上大片梨树，丰产的梨压颤了枝儿，遂走进梨园。看园子的老乡见有人来了，虽不知是康熙，但仍然热情地迎上去并挑选最好的梨，摘了一篮子洗净了让康熙皇帝品尝。尝遍天下奇珍异果的康熙爷，开始见了那普通的小梨并不想吃，可又觉得老乡那么热情不尝一个从情理上实在过不去，于是拣最小的拿起来咬了一口。谁知，这第一口就让康熙龙颜大悦，不一会儿就把整个梨都吃完了，一边吃一边赞不绝口："好梨，好梨。朕吃过的水果若干，口味都没有比得上这梨的，不知这是什么品种。"遂命人摘梨送入后宫，此后井儿峪的梨就成了皇家的贡品。酸梨也叫安梨，据说是乾隆御赐的名字，因为皇上吃了农家的煮梨而风寒痊愈，特赐名"安梨"，意思便是调理安身保健之果。还有另一说法，酸梨由"三老道"献给亲王，后进宫成为贡品。此后井儿峪梨名气越传越远。那时候在西井峪，梨园大片，春天梨花似雪，满山皆白；秋天摘梨的季节，村里村外摆满梨筐，买梨的都找上门儿来排队过秤装车。但 20 世纪 80 年代初期一场罕见的虫害使山上生长了几百年的老梨树在不到两年的时间里全部死掉了，现在村里正在计划恢复老字号的品种，复种井儿峪的梨树。

图 2-12 井儿峪梨（公众号"遇见西井峪",2016）

4. 万岁子（核桃）

村民将核桃称作"万岁子"，西井峪村中的老人多长寿，都感恩于这份大山的馈赠，"万岁子"补虚强体，有着丰富的营养价值[1]。

核桃树树冠雄伟、枝叶繁茂，可以为行道庇荫。白露节气，秋意渐浓，正是各样果子和作物成熟的季节，整个西井峪村也因为丰收的到来而开始忙碌起来。在村里一大早就能听到村民们拿着竹竿打核桃（图 2-13）的声音，一颗颗核桃砸在地上仿佛一串串喜悦的音符。鲜核桃又称青皮核桃，是未经过干燥处理的核桃。新鲜核桃外皮为青绿色，看上去像大青枣一样（图 2-14）。鲜核桃仁白净而脆嫩，吃起来比干核桃更加清甜，具有独特的滋补保健功效。每年农历七月，去皮后的鲜核桃仁可以直接食用和烹饪菜肴。西井峪村的村民对鲜核桃进行细致的加工，把核

1. 金振东，刘春，董秀娜，等 . 蓟州风物志 [M]. 天津：天津古籍出版社，2006:13.

桃去皮榨成核桃油或与其他菜品搭配制成家常小菜和甜点。

核桃除了具有食用功能，同时还具有观赏以及把玩的特点。“盘核桃”是西井峪村常见的活动。“盘”就是玩的意思，就是挑取形状优美、大小相近的两个核桃放入手中转动把玩。时间久了，手上的油脂会附着到核桃上，核桃的颜色会变深，呈现出晶莹的质感，这个过程也就是民间俗称的“包浆”。

图 2-13 打核桃（公众号“原乡井峪”，2017）

图 2-14 青皮核桃（郝卫国摄，2019）

5. 蓟红果

红果（图 2-15）又称大山楂、山里红，是蓟州山区的主要果品之一。蓟州人将个儿较大，颜色更鲜亮的山楂称为红果。红果有酸有甜，蓟州地区的野生红果口感软绵、偏甜，含有糖、蛋白质、维生素、柠檬酸、脂肪酸等营养成分，有消食健脾、活血化瘀、化浊降脂的功效，可做副食，

图 2-15 人山楂（公众号“原乡井峪”,2019）

也可入药。传闻南宋绍熙年间，宋光宗宠妃食欲不振，御医束手无策，民间郎中将“棠球子”（即山楂）与红糖煎熬，每日进食几枚，半月后贵妃病愈。此方子传入民间后，慢慢发展成为今日老少皆宜的甜品“糖葫芦”，天津地区俗称“糖墩”。将红果或山楂横切，取核，用竹木签穿成串，放入融化的白砂糖或冰糖中包裹糖浆后晾置即成。

在西井峪的山野林中，生长着野生红果，每年十月果实成熟，漫山遍野火红一片。村民的院子里也会种植山楂树。村民们从山里摘回红果，装满箩筐，回家将其切成小片，放置在房前屋后的空地上，晾晒成果干，在午后取小把红果干与茶叶一起冲泡，一壶红果茶配上红果糕，别有情趣。

6. 酸枣

酸枣树是西井峪村附近山上常见的植物，一般生长在向阳的山坡和路旁。每年丰收的季节商贩会来村里收枣，村民也会在路边贩卖一些酸枣。村民还会做酸枣汁，让城里来的游客品尝。酸枣（图 2-16）里面的枣仁是很好的中药材，具有强心、养肝、安神、健脑等功效，颇受游客的青睐。

图 2-16 酸枣（公众号“遇见西井峪”,2016）

2.4.2 鸡犬相闻

与城市中的宠物不同，乡村动物保留着原始的乡野性情，“红柿枝头站喜鹊，石巷回荡驴铃声，三五羊群街边过，老院门前跑山鸡，路边土狗晒太阳，墙头屋檐蜷花猫”“阡陌交通，鸡犬相闻”是传统乡村真实的生活景象。

西井峪村落传统形态完整，保存着中国传统村落的样貌及农耕方式。特有的山地环境，使大机器农耕无法普及，造就了牵驴磨磨、放羊巡山、割小米、打核桃等极有特色的风俗习惯。正是这种特殊性，让村民的生产生活方式本身成为一种绝佳的旅游体验。村民家中多有鸡、鸭、鹅等家禽养殖区域，游人路过此处，家禽拍动翅膀、啼叫不停，极具乡村野趣。这是城市中人们亲近自然，城市中儿童了解动物生长、食料来源的合适地点。山上漫山跑着土鸡，土鸡下土鸡蛋，孵小鸡，让城市里的孩子们了解禽类的孵化过程，思考自然生命的意义。

看家护院的土狗和称职的猫能让主人安安稳稳地睡个整觉。白日里它们则懒洋洋地卧在墙头上、院门前。若有陌生人来访，或是老鼠骚扰，它们总能尽忠职守，守卫着主人。西井峪人还常用毛驴拉碾，碾子磨出的粮食有着独特的味道，也承载着乡土的情怀。20 世纪 60 年代之前，村里还没有修路，驴基本上是每家每户都必不可少的，从镇里驮水、磨粮食都依靠毛驴，连街巷的命名都与毛驴拉磨有关。虽然今天毛驴不再是村里主要的交通工具，但村里的老人们仍然喜欢牵着毛驴，驮着东西，行走在石头山间。如今毛驴成为村里的“网红”明星，是每一个到西井峪村的游客期待见到的对象，也是游客脑海中对西井峪村的记忆。西井峪可爱的动物们见图 2-17 ~ 图 2-21。

图 2-17 放羊老人与羊（公众号“遇见西井峪”，2016）

图 2-18 西井峪村的驴（公众号“遇见西井峪”，2016）

图 2-19 闭目养神的狗（李函阳摄，2019）

图 2-20 悠然自得的鹅（牛瑞甲摄，2019）

图 2-21 “巡山”归来的羊（牛瑞甲摄，2019）

第3章
西井峪村庄文化

文化是人类在社会发展过程中所创造的可代代相传的物质财富和精神财富的总和[1]。19 世纪到 20 世纪，法国、英国、意大利相继开展遗产保护运动，《雅典宪章》《威尼斯宪章》使国际社会开始关注历史遗产保护。19 世纪末，施吕特尔提出“文化景观”一词，“文化景观”是西方国家对同时具有景观和文化两方面内容的文化遗产提出的一个概念。1972 年，联合国教科文组织（UNESCO）大会第十九届会议通过《保护世界文化和自然遗产公约》，1976 年，联合国世界遗产委员会成立，出台了《实施世界遗产公约操作指南》，1984 年，联合国世界遗产委员会议，提出乡村景观应作为文化与自然双遗产的价值，并提出景观的动态发展特征。英国湖区（Lake District）两次申遗的失败催生了文化景观类别的建立[2]。1992 年，文化景观被列入世界遗产范畴，被定义为“自然与人类的共同作品，它表现出人化的自然所显示出来的一种文化性，也指人类为某种实践的需要有意识地利用自然、改造自然所创造的景象。”

1994 年，《保护世界文化和自然遗产公约》中强调了“文化景观是人类长期的生产、生活与大自然所达成的一种和谐与平衡。与以往单纯层面的遗产相比，它更强调人与环境共荣共存、可持续发展的理念。”[3] 同时，提出“乡村文化景观是乡村土地表面文化现象综合体，不仅反映一个地区的人文地理特征，也记录了乡村人类活动的历史，表达特定乡村地域的独特精神。”[4]20 世纪 90 年代《欧洲景观公约》提出景观是“有机进化体的自然进程和社会进程中的不同阶段的有机部分”，更注重于“日常生活的景观和健全的场所”[5]。1995 年，“亚洲稻梯田文化景观专题研究”国际会议专题讨论了亚洲文化景观的保护，提出文化景观的概念应是“在一定的范围内有一定规模，可反映某一地域、某一民族、某种自然地理环境、某种历史延续的集自然与人文景观为一体并有具体的物化内容和抽象的文化氛围的群体。”[6]

2008 年，“村落文化景观保护与可持续利用国际学术研讨会”以村落文化景观保护与可持续利用为主题，最终形成《贵阳建议》[7] 作为乡村景观的措施指南。《贵阳建议》中提出在保护村落文化景观中要强调“村落文化景观民居保护与环境规划”“农耕经济与可持续发展”“民族手工艺传承与保护”[8]。其中包含乡村物质文化遗产和非物质文化遗产，“人类在社会历史实践过程中所创造的各种精神文化，包括节庆民俗、传统工艺、民间艺术、村规民约、宗族观念、宗教信仰、道德观念、审美观念、价值观念以及古朴闲适的村落氛围等。”[9] 这都是村庄文化的一部分。为解决时代发展导致的传统村落发展困境，村落文化景观的保护与发展势在必行。

1.SHIPLEY R, FEICK R. A practical approach for evaluating cultural heritage landscapes: Lessons from rural Ontario[J]. Planning, Practice & Research, 2009, 24(4): 455-469.
2. 易红 . 中国文化景观遗产的保护研究 [D]. 杨凌：西北农林科技大学 ,2009:11.
3. 肖竞 . 西南山地历史城镇文化景观演进过程及其动力机制研究 [D]. 重庆：重庆大学 ,2015:8.
4. 孙艺惠 , 陈田 , 王云才 . 传统乡村地域文化景观研究进展 [J]. 地理科学进展 ,2008(6):90-96.
5. 易红 . 中国文化景观遗产的保护研究 [D]. 杨凌：西北农林科技大学 ,2009:15.
6. 赵瑞 . 乡村文化景观遗产保护专项法规的可能性研究 [D]. 杭州：浙江农林大学 ,2013:18.
7.2008 年 10 月 24 日—26 日，于中国贵州省贵阳市召开村落文化景观保护与可持续利用国际学术研讨会，形成《关于“村落文化景观保护与发展”的建议》（简称《贵阳建议》）。
8. 郭栋桦 . 传统乡村文化景观传承保护研究 [D]. 保定：河北农业大学 ,2013:6.
9. 包婷婷 . 苏州美丽乡村建设中的文化传承研究 [D]. 苏州：苏州科技学院 ,2014:4.

西井峪村作为天津市目前唯一的国家级历史文化名村，村庄的传统文化、手工艺等作为文化景观的重要元素，其保护与传承价值是不可估量的。

3.1 西井峪的沿革

西井峪位于蓟州城北，府君山是繁华城市与世外桃源间的天然屏障。从明末清初建村至今，近 400 年的历史中，西井峪村经历了建村、消亡、重建的过程。20 世纪三四十年代，日军占领华北地区时，两次强化治安，将西井峪村划为无人区，推倒了村中大部分房子，村民们携家带口地“跑返”。抗日战争胜利后，村民回到西井峪重新建村。20 世纪 70 年代后期，村庄不断发展壮大，初步形成了村庄现在的格局。2005 年，乡村旅游热兴起，西井峪村开始打造“民俗摄影村”，提出“五景十坊三十院”的设想。2008 年，天津市着力推进西井峪村传统村落保护工作，2010 年西井峪村被评为第五批“中国历史文化名村”，2014 年被评为“天津市休闲农业示范村”，2015 年被评为“全国休闲农业与乡村旅游示范点”。2015 年西井峪村引进策划团队对村子进行保护性开发，2016 年其获评“天津市美丽宜居村庄”，2017 年获评“中国美丽休闲乡村”“文明村镇”，2019 年获评“全国乡村旅游重点村”“天津市文化旅游摄影协会——摄影创作基地”“天津市旅游特色村”，并获得“四好农村路”“国家最美乡村公路”“国家森林乡村”等多项称号。西井峪村历年所获荣誉统计见表 3-1。

从 20 世纪二三十年代村庄的 100 多人，到 20 世纪七八十年代近 400 人，到 2019 年的 776 人，西井峪村从 10 多户人家，经过这些年的繁衍发展，已经发展成为有近 300 户人家的较大村庄[1]。西井峪村是一个充满“秘密”的村庄，没有文字记载 400 多年的经历，但时间的印记又深深刻印在每一块石头中。这些年里，村里的石头房，还有多少人在居住，父老乡亲是否已经脱贫致富，他们是否还会像多年以前一样，在老树的树荫下聊天，搬着小马扎在院门口晒太阳。这些不经意的生活场景，却寄托着子孙后代对西井峪村的乡愁。斗转星移间，村庄依旧按照自己的节奏不断繁衍生息，也许我们心中的老村还依旧年轻，新房建起来，又添了许多人丁，村民依靠旅游富了起来，找回属于村民的自信，房前屋后，前街后院，挂起红灯笼，幸福才刚刚开始。

表 3-1 西井峪村历年获得称号统计

时间	称号	组织单位
2005 年	民俗摄影村	渔阳镇文化站
2010 年	中国历史文化名村	原建设部和国家文物局

1.2019 年访谈西井峪村村支书周维东。

续表

时间	称号	组织单位
2014 年	天津市休闲农业示范村	天津市休闲农业协会、魅力城乡网
2015 年	全国休闲农业与乡村旅游示范点	原农业部、国家旅游局
2016 年	天津市美丽宜居村庄	天津市城乡建设委员会、天津市农村工作委员会、天津市精神文明建设委员会、天津市旅游局
2017 年	中国美丽休闲乡村	原农业部
2017 年	文明村镇	天津市精神文明建设委员会
2019 年	全国乡村旅游重点村	原文化和旅游部
2019 年	天津市文化旅游摄影协会——摄影创作基地	天津市文化旅游摄影协会
2019 年	天津市旅游特色村	天津市旅游局、天津市农村工作委员会
2019 年	四好农村路	国家交通运输部、农业农村部、国务院扶贫办
2019 年	国家森林乡村	天津市规划和自然资源局
2019 年	国家最美乡村公路	交通运输部办公厅政策研究室、公路局
2019 年	中国最美古村落	第十三届中国（深圳）文博会主题活动、第七届全国生态旅游文化产业发展高峰论坛

3.2 石头村的传说

西井峪的村民大部分为周姓，按辈分排序分别为福、连、维、继。除了周姓，村内还有少数姓氏如丁、王、纪、朱、陈等。

周氏源于为周玉基守坟之人。周玉基，祖籍通州，明朝为官，是镇守山海关的副将，与清军作战时身亡。部下将他的尸体运回通州安葬，到蓟县时尸体腐烂了，于是崇祯皇帝赐给周玉基一个金头，和尸身埋在今天的府君山阳坡（现“山澜乡韵”处）。建坟后，周家族人从通州来此，在墓地周围搭棚看护坟茔，明时俗称周家窝棚，六亩的坟地由周姓族人代代轮流看守，一家一年。在清初时，村庄正式定名为井峪，为与东井峪区别，后改称西井峪。每年的正月初五，周姓家族的男人们都要到守坟的人家吃饭，村里俗称“吃坟”，吃坟饭又叫吃祖宗饭。因看坟人种着坟地附近周姓家族的公地，打下粮食的收入作为上坟人共同吃坟饭时的开销。

周氏一族的众多族人作为明朝将官的后代，清军入关后为避祸，在西井峪落脚，为了隐姓埋名，曾经的族谱也逐渐失传。村中周氏分四门，过去有周家四兄弟分家，每门有自己的耕地和祖坟的说法。孝是中国的传统文化，国有史，方有志，家有谱，以血缘相连的乡村有着更强大的生命力和凝聚力。一个家族的历史也反映了乡村的历史，一代一代的村民传承着祖辈的优秀品格和传统精神文化的精髓。但修族谱需要大量的人力和财力，宗族制度与现代社会脱节，因此族谱的传承在年轻一代中逐渐消失。为了找回乡村的根源，提升乡村的凝聚力和自信心，2015 年 12 月，在九略旅游管理有限公司的帮助下，西井峪村开始了“族谱寻根计划”，重制族谱，重建宗族传承，进而寻回乡村原生伦理体系，完善村规民约。

村中除了丁姓，其他的姓氏来源于入赘周家的女婿，村庄中的乡亲们大部分都有亲缘关系。丁姓家族成员是满族人，在清代圈地运动时搬迁于此，满族的生活习俗对村庄文化也产生了一定影响。乡村族谱见图 3-1。

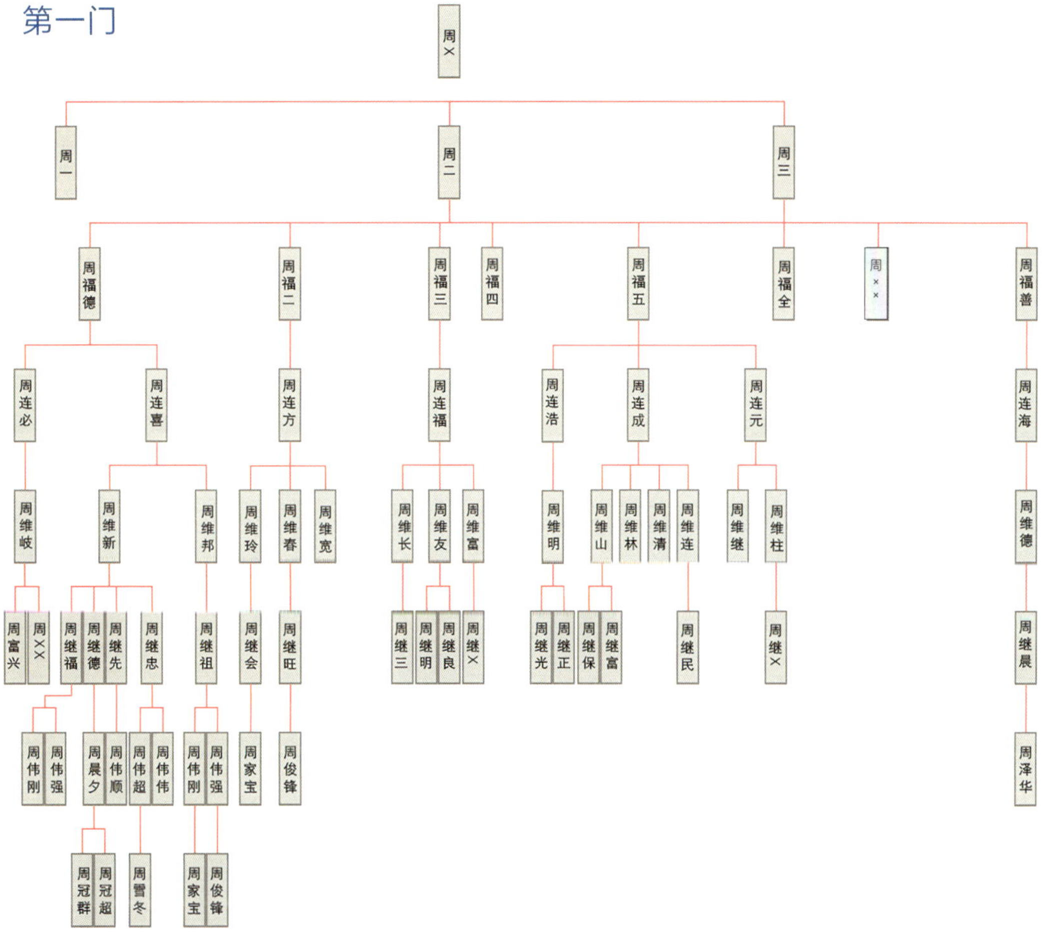

图 3-1 乡村族谱（九略旅游管理有限公司，2015）

第二门

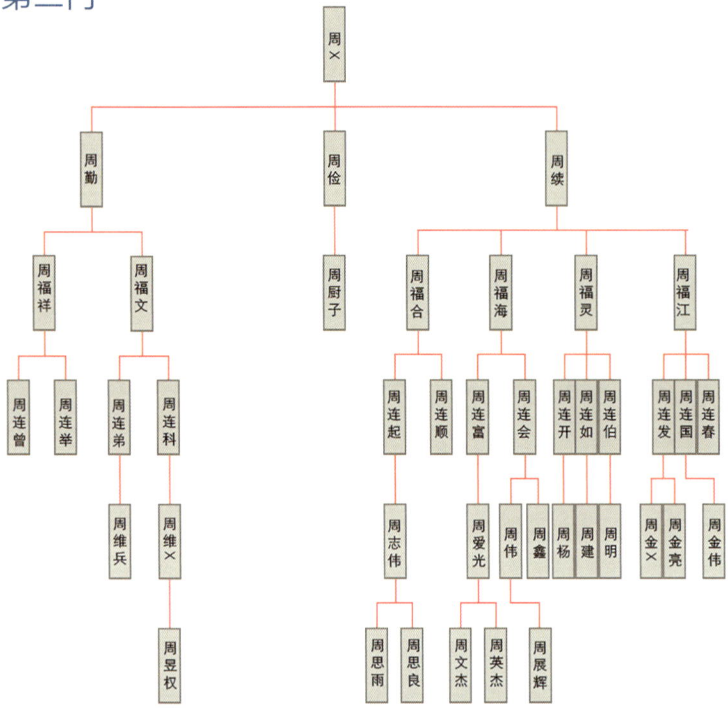

图 3-1（续 1）乡村族谱（九略旅游管理有限公司，2015）

第三门

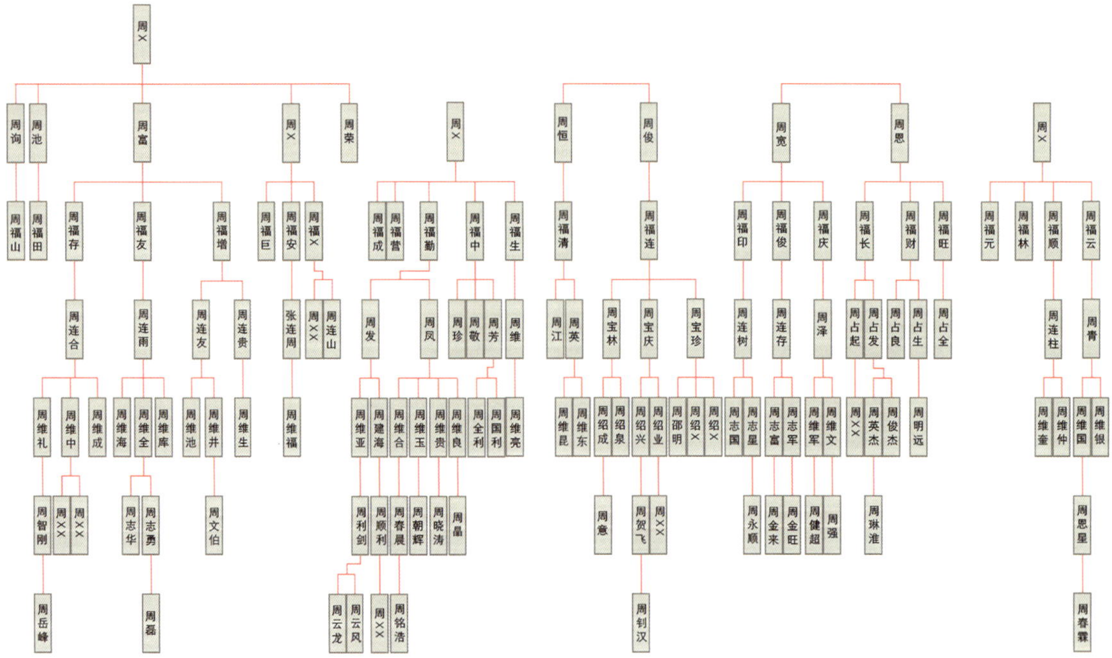

图 3-1（续 2）乡村族谱（九略旅游管理有限公司，2015）

第四门

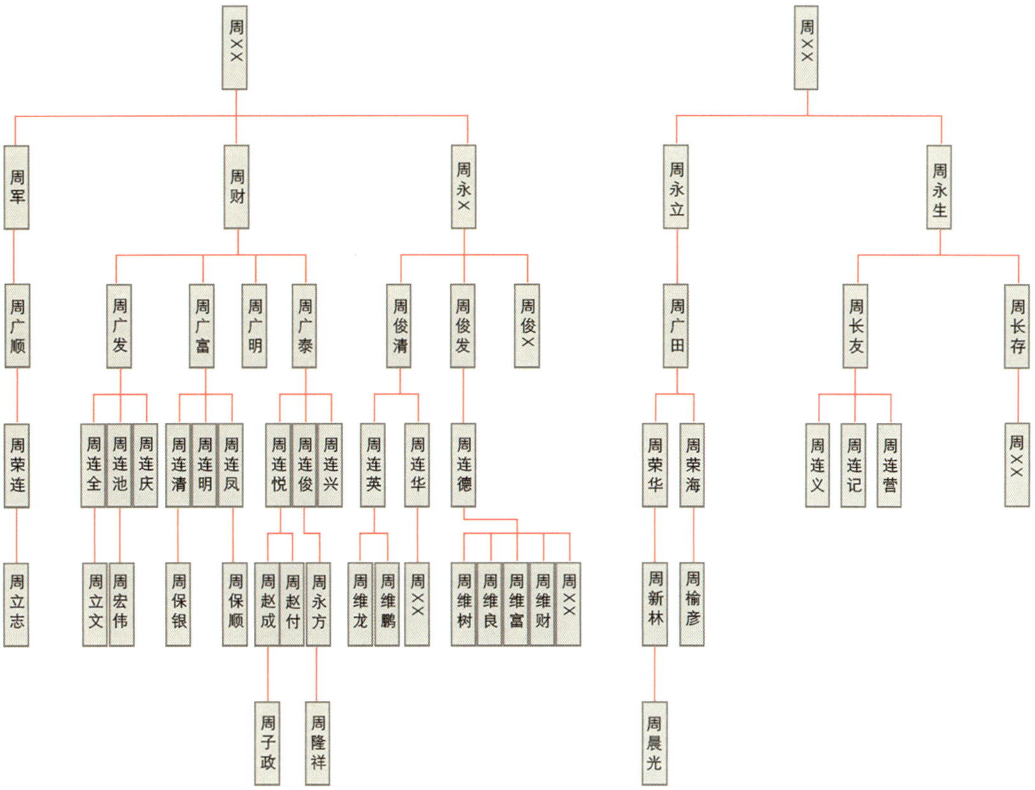

图 3-1（续 3）乡村族谱（九略旅游管理有限公司，2015）

3.3 西井峪的故事

3.3.1 周玉基抗清

相传明朝隆庆元年（1567 年），抗倭名将戚继光在平息东南沿海的倭患后，北上蓟门进行防务。在修筑居庸关到山海关长城沿线的敌台过程中，有一位身形高大、外表俊朗的军官自告奋勇，坚守前线。这军官不是旁人，正是守卫北方有功的周玉基。

周玉基为通州人氏，自幼习文练武，修得一身好本领。北疆清军时常冒犯边疆，周玉基参军入伍，英勇无谓，连获提拔，粉碎了清骑一次又一次的进攻。他在镇守山海关关口期间，将清军的攻势牢牢压制住。周玉基的威名使得战斗力很强的清兵深深畏惧。

周母向来就对子女教育严格，也深明大义，一心将周玉基培养成为一个保家卫国的有用之才。周玉基也懂得母亲的深意，好生孝敬。在周母七十大寿时，向来尚孝的周玉基见战事渐趋平静，于是抽空赶往通州老家为老母祝寿。本想到家给自己母亲一个惊喜，但是母亲一见他回来，并没有面露喜色，反对儿子一顿呵斥。“养兵千日用兵一时！你身为统帅，至国家利益于不顾，回来给我祝寿，你那边关要失守了会有多大损失，到时候京都告急，国破家亡，如此不忠不孝，我们又有何颜面见先祖！”周玉基听罢，羞愧难当，便向母亲发誓，誓死报国。他当天晚上匆匆告别老母，策马扬鞭返回蓟镇前线。哪想得，这一去却将星陨落，天人永隔。图 3-2 为纪念周玉基的年画。

图 3-2 纪念周玉基的年画（公众号“掌上蓟县”，2017）

清军密探混进城内，得知周玉基回家为母祝寿，守备有所松懈，便报告首领。清军得知消息，便纠集人马，妄图偷袭，打算一举攻破明朝的北疆防线，直捣京城。周玉基刚回到大营，就接到清军在山海关偷袭的战报，便带领将士赴关作战。在身先士卒追击残余逃窜清军的过程中，年仅四十有余的周玉基最终因身中流矢而身亡，牺牲在保卫山海关的战场上。战后将士将他的遗体运送到蓟州城，因尸首不整，明朝皇帝御赐金头，并差人挑选风水宝地，就选在了城北崆峒山（现府君山）的阳坡建坟安葬。远在通州的周母闻听小儿战死疆场，悲痛欲绝，决定举家迁往儿子战死的蓟州之地，让周家族人来此墓地搭棚看护坟茔。

1. 参考西井峪导游词。

3.3.2 包森抗日

包森（1911—1942 年），原名赵宝森，又名赵寒，陕西蒲城人。1940 年 7 月，晋察冀军区组建冀东军分区，李运昌任司令员，包森任副司令员，下辖第 12 团、第 13 团，包森兼任第 13 团团长。7 月 28 日，包森率部在盘山西麓的白草洼伏击并全歼号称“常胜军”的日本关东军武岛骑兵中队[1]。包森是电影《平原游击队》中的主人公李向阳和《剑吼长城东》中的主人公鲍真的人物原型[2]。

包森曾率领当时赫赫有名的“13 团”驻扎在西井峪。西井峪村属于抗日堡垒村，包森曾带领部分将士驻扎在此与日伪军作战，在此坚持战斗了 18 天。他还领导着蓟县地区的抗日工作。“包森日夜在西井峪工作而不被日伪军觉察，少不了人民群众的配合和拥护。西井峪人都有着一颗爱国之心，人人都给包森打掩护。西井峪藏了不少八路军，包森包司令带领 13 团一团人晚上住在这庄。而老百姓为了让战士们住得舒心，纷纷并屋，给他们腾屋子。白天男的都出去放哨去，女的就在家并屋，几家并出一个屋子给他们藏身。

1942 年 2 月 27 日，包森带领部队驻扎在遵化县西北 10 千米的野户山村时，遭到日军和伪满洲队的突然袭击。包森在指挥战斗时壮烈牺牲，时年 31 岁。

延安《解放日报》头版为包森撰写社论：“他的赫赫战功与英雄精神将永远留在人民的记忆中”“英名永在”。1982 年，在包森将军殉国 40 周年时，彩色故事片《剑吼长城东》拍摄完成，其主题歌的歌词“千里击强虏，剑吼长城东。壮岁国难死，悲歌燕赵风”唱出了他的英雄气概[3]。

为了纪念包森同志，村民将他曾指挥过战斗的酸枣洞命名为包森洞。此洞为天然石洞，坐落在半山腰的崖壁上，里面有一个天然通气孔直通山顶。因为它很隐蔽，不到跟前很难发现，所以包司令选择在这里指挥战斗。后来，由于村民开石筑坝，加之常年雨水冲积，洞的面积越来越小，但村里始终保护着它不被破坏。因为它作为历史的见证，记录着西井峪村抗日根据地的历史以及西井峪村民对抗日英雄包森的敬仰之情。至今，村里老辈人还流传着当年八路军抗日的战歌。“八路军好，八路军强，八路军打仗为老乡，日本鬼子欺压咱老百姓，还得咱团结起来赶东洋。”包森雕像见图 3-3。

图 3-3 包森雕像（http://www.sanwen8.com/p/qthbnmdo.htm）

1. 刘素新 . 冀东抗日名将包森 [J]. 求知 ,2019(01):60-62.
2. 黄立忠，张仁 .“中国的夏伯阳”——抗战名将包森 [J]. 文史春秋 ,2009(04):46-47.
3. 人民网－中国共产党新闻网 . 中共抗战英烈：包森 [EB/OL]. 中国人民抗日战争纪念馆 .[2014 3 2]. http://dangshi.people.com.cn/n/2014/0325/c85037-24731622.html

3.3.3 父老乡亲的红色记忆

西井峪村古属燕赵之地，“多慷慨悲歌之士”。这里民心刚毅，英雄俊杰辈出，英雄血脉一直流淌在西井峪村的民族热血中，如灼灼火焰，铺满山岗。每提及革命英雄，村民们都会想起老荣军周广泰。虽然这位老英雄已经逝世几十年，但人们提起他时还纷纷竖起大拇指。他曾参加过抗美援朝，在战争中身负重伤，腹部多处中弹，在治疗中截掉一大截肠子。战争结束后，周广泰光荣回村，任西井峪村生产队长，他以军人的满腔热血，默默无闻地为家乡的发展和繁荣辛勤地耕耘，直到生命的最后一刻。

1921 年 1 月 20 日出生在西井峪的周连元老人，曾作为八路军联络员给八路军传达了许多重要的消息情报，为抗战做出了许多贡献，在他的记忆中最难忘的莫过于当年抗战的峥嵘岁月。

20 世纪 40 年代，西井峪村一度毁于战火，但依靠父辈祖辈的口耳相传，我们依然可以感受到西井峪人的深入骨血的革命精神。卜静珍生于 1921 年 6 月 16 日，1938 年嫁到了西井峪。就如战火下的每户人家一样，卜静珍年轻的时候日复一日地奔波“跑返”，过着东躲西藏的日子。当提及被战火烧毁的村庄与蓟县县城时，老人总是满满惋惜之情。

仇玉枝老人出生于 1931 年 9 月 16 日。她谈到抗战时期八路军曾驻扎在西井峪村，村里的父老乡亲倾尽所能地配合八路军，村里妇女给八路军做鞋，男人们放哨，为八路军打掩护，家家户户都为八路军做饭[1]。三位老人见图 3-4。

每家每户的老人都对这段抗战的往事记忆犹新，他们给子孙们讲述曾经的抗日故事，让后人们传承革命精神，将红色基因牢牢地扎根在这座小山村，鼓舞着后人不忘先烈，在新时代的背景下，继承革命热情，将西井峪的红色故事续写下去……

图 3-4 周连元、卜静珍、仇玉枝（从左至右）（公众号“遇见西井峪”,2017）

3.3.4 德高望重的当家人

从一个十几户的小村庄，发展到今天拥有近 300 户的历史文化名村，西井峪村发生了翻天覆地

1. 田冠鹏 . 血泪凝忆默如生——西井峪抗战回忆录，来源于公众号“遇见西井峪”，2017-07-07。

的变化，这有赖于各任村干部的不懈努力。“村党组织书记是基层党组织带头人，是带动农村各项工作的‘领头雁’。”[1] 正是这些德高望重的当家人为西井峪村村民领航掌舵，西井峪村才能扬帆远航。

周维记做了 13 年的村支书。20 世纪 70 年代，高中毕业的周维记回到了西井峪村行医，后来创业，开了一家石料厂。1997 年，周维记全票当选西井峪村支书。在任的那些年，周书记参与了村庄重要的发展节点，在任期间实实在在地为百姓谋福祉，解决村里吃水难的问题，改善西井峪与外部的联系，引进了九略团队，为西井峪村的乡村旅游发展奠定了重要的基础。

“1996 年底，我借钱给村里修了供水管道，让家家户户修了蓄水池，用山上的大水泵把山下的水泵上山，再将水泵到家家户户的蓄水池里，大家终于不挨累还能喝上干净水了。”周维记书记这样说。1999 年年底，在负债的情况下，周维记四处筹钱，甚至自掏腰包修路，两个月的时间，一条 2.2 千米长的崭新的柏油路建成并投入使用。

村里孩子们上学的学校离西井峪村很远，周维记联系租车，每天负责接送孩子上下学，村民们看在眼里，喜在心里。2000 年，担任村支书的第 4 年，周维记还清了所有外债，也拿到了第一笔 3000 元“年薪”。2005 年，他又筹集资金，在村东面修了一条 1.5 千米长的柏油路[2,3]。

在不断开展基础设施建设的同时，周维记书记更注重西井峪村文化的建设。2002 年，他在乡村旅游的热潮中发现了村庄发展的契机，多次组织村民学习如何经营乡村旅游，大力挖掘村庄特色，发展了民俗摄影文化。2015 年，他与九略团队共同探索西井峪精品民宿的发展之路，为西井峪埋下发展的种子。维记书记认为西井峪最大的财富就是这些石头房子，最好的传统就是乡村的民俗，必须要继承和保留下来，这也为今天的西井峪留下了最宝贵的财富。

2018 年，周维东书记上任后，创新地继承了之前乡村旅游的发展思想，积极引进企业参与村庄建设，不断扩大乡村旅游的发展规模，联合九略旅游管理有限公司、渔阳镇骏业集团、途牛公司成立合作社，新建民宿，共同助力西井峪的发展。周维东书记为村民的共同富裕、先富带后富而努力寻找道路，为村中想要发展乡村旅游的农户寻找设计师设计农舍和民宿。同时维东书记更加注重村庄文化的保护，努力恢复村庄本来的样貌，想方设法地丰富和发展乡村文化，为西井峪村梳理历史，撰写村庄故事；不断创新保护更新思路，用自媒体和新媒体为西井峪村宣传造势；充分运用政府的扶持和帮助，在新指导思想、基本原则下带领乡村发展。维东书记说：“村里没啥大事，就是把小事情一件接着一件干好。”确实，西井峪村有今天的成就缺少不了这样“脚踏实地，仰望星空”的乡村建设者，他们用双手、双脚在文化大发展、大繁荣的新时代开辟了适合于西井峪村自己的发展道路[4]。西井峪村支书任职情况见表 3-2。

1. 俞凤翔 . 加强村党组织书记队伍建设 [J]. 党建研究 ,2010(04):44-45.
2. 张麒麟 . 天津“石头村”62 岁支书周维记：村里有需要 , 我随时都会在 [EB/OL]. 北方网 .[2019-09-24]. http://news.enorth.com.cn/system/2019/09/24/037684731.shtml
3.2019 年 11 月访谈西井峪村前任村支书周维记。
4.2019 年 11 月访谈西井峪村现任村支书周维东。

表 3-2 西井峪村村支书任职情况表

时间	姓名	发展村庄的主要内容
1976—1984 年	周荣华	发展生产队生产、落实联产承包责任制
1984—1988 年	周荣连	发展农业生产、落实联产承包责任制
1988—1990 年	周荣华	发展农业生产、修建西村级公路
1990—1991 年	周福长	发展农业生产、修建西村级公路
1991—1997 年	周泽	发展农业生产、统筹计划生育工作
1997—2007 年	周维记	发展乡村旅游、修建东村级公路
2007—2009 年	周荣华	改善村民居住环境
2019—2012 年	周占发	改善村民居住环境
2012—2015 年	周荣华	改善村民居住环境
2015—2018 年	周维记	改善村民居住环境，发展乡村旅游、改善基础设施
2018—	周维东	发展乡村旅游、改善基础设施

3.3.5 猫屋草舍

在西井峪村有一对朴实的耄耋夫妇，他们多年来守着一处老宅，就在跃进广场东侧。院子的主人周继德夫妇多年来收养了 37 只流浪猫，周大爷被人们亲切地称为“喵爷”。他的院里院外随处可见流浪猫的痕迹，因此小院被称为“猫屋草舍”。来猫屋草舍，你会见识猫的千姿百态，它们或慵懒地踱着步子，或趴在墙头和房檐上晒太阳（图 3-5）。人们都很喜爱这些猫，猫儿也不怕人，时常溜达到人的身边，与人们逗弄玩耍。流浪猫的收养获得了社会各界的关注，志愿者为喵爷的猫们准备了猫粮（图 3-6）。在“拾磨”购买“喵爷奶茶”（图 3-7）的客人，都能获赠“喵爷奶茶杯”一个，从每一份奶茶的收入中，捐赠一元钱给喵爷购买猫粮，减轻他的负担。

图 3-5 喵爷的猫（公众号“遇见西井峪”,2017）

图 3-6 志愿者送猫粮（公众号“原乡井峪”，2018）

图 3-7 喵爷奶茶（公众号“原乡井峪”，2017）

3.4 山间词话

单纯的山水即使再美丽，也难以长久地吸引游人，只有让文化的内涵渗入其中，山水才有灵性[1]。名山是“以具有美学、科学价值的自然景观为基础，自然与文化融为一体，主要满足人对自然的精神文化活动需求的地域空间综合体”[2]。西井峪村得名于“四面环山，如同在‘井’中”的地理位置，“峪”意为山谷。大山是西井峪人的信仰，这里除了著名的府君山上黄帝问道与崔府君的传说外，还有王八盖子山与卧牛岭、锁龙岭、饽饽山、万卷石书的故事。人们探访大山，在山中进行祭祀、游览、养生、健身、艺术创作以及自然规律探索。这一座座山为西井峪带来了多彩的文化传说，还给村庄带来了丰富的物产和旅游资源。

1. 孔令宏 . 开展地方文化研究——王益庸《富阳历代名人》序 [M] // 王益庸 . 富阳历代名人 . 北京 : 中国文联出版社 ,2004:5-8.
2. 谢凝高 . 保护自然文化遗产 复兴山水文明 [J]. 中国园林 ,2000(02):33-35.

3.4.1 崔府君与府君山

府君山，古称崆峒山、无终山，位于蓟州城北 2 千米，东至桃花园（村），西至闫子岭（村），南至黑马泉（村），北至西井峪（村），主峰海拔 302.1 米[1]，面积约 1 平方千米。它像一扇天然屏风，把蓟州城与西井峪村分隔开。关于府君山的传说有很多，如崔府君与府君山的典故。在前清年间，蓟州遭遇百年不遇的大旱，庄家都旱死了，农民们一筹莫展。崔府君显灵，为百姓带来了南方的荞麦种，雨季来临，荞麦遇水长势良好，到秋后，家家户户荞麦大丰收。人们为了感谢崔府君，在山上修了府君庙，也将崆峒山改为府君山。

崔府君的确切身份无法考证。“南宋时比较普遍的说法，认为他是东汉的崔缓（源自《中兴小历》《使金录》《咸淳临安志》等），也有人传其为北魏的崔浩。”[2] 也有人认为其为唐代人，贞观七年，崔府君考取进士，被授潞州长子县令。关于崔府君还有许多神话传说，据传他“昼理阳事”“夜断阴府”，死后被封为土地神，并建祠祭祀。宋朝，金兵南下，崔府君显圣救驾，泥马渡康王，被封为真君[3]。据《道教大词典》记载，其“能昼治阳间政，夜理阴府事，人称崔府君，曾于靖康间，化马救高宗（赵构）于危难之中”。这就是“泥马渡康王”的来历。康王归宋后，被立为皇帝，即宋高宗，随即南渡，定都临安（今杭州），史称南宋。为答谢崔府君的救命之恩，高宗下诏营建显庆观，塑崔府君像，并春秋祭祀。明朝时，朱元璋赐封崔府君为神，命国人岁岁祭祀。随着崔府君封号的逐渐升级，府君庙开始在全国各地兴建。

据清道光年间《蓟州志 · 山川》记载：“崆峒山一名翁同山，上有崔府君庙，又名府君山；在州北五里，形势峭峻；登峰一望，则边城野景尽在目中；乃附郭之奇观，雪后遥瞻，宛若图画。旧有日照寺，后改为地藏殿；昔传黄帝问道于广成子之处。嘉庆十四年，州牧赵锡蒲以蓟之龙脉聚于崆峒，山之景运关郡之盛衰，但议重修。因药王庙旧基为广成子殿，补前人所未及，且以存古迹。今庙宇亦坍废。”清代道光年间《蓟州志》中《崆峒山图》（图 3-8）记载了广成子庙全貌。明嘉靖年间《蓟州志 · 坛庙》记载：“府君庙旧在樵楼（即鼓楼）前，近市喧哗，乡人徙于崆峒山之顶”。沿积石路往北约 300 米，便至府君庙山门。山门前现存半片夹杆石，山门基址地面无明显痕迹，参照清道光《蓟州志》中《崆峒山图》所绘山门应为面阔三间的单檐歇山建筑，这种形式在寺庙中较为常见。除关帝庙、官厅外，其余建筑均称“殿”或“阁”。它们共用一座山门，可见府君庙是这些“殿”或“阁”的通称，属“众神合祀”的形式。府君庙范围内有山门、广成子殿、官厅、三官殿、文王殿、府君殿等。

府君殿位于第四道坝台上，是府君庙的主体建筑，此处地势平坦，视野开阔，有残碑一通，其残长 85 厘米，残宽 45 厘米，厚 25 厘米。碑阴为捐资人名，碑阳有“重修府君庙重檐并新建钟鼓二楼记”字样，可见当时的主体建筑府君殿是重檐建筑。崆峒山主峰有玉皇阁遗址，是供奉玉皇的地方，院落

1. 吴海瑞，于荣贵，李学刚 . 天津市地名志 [M]. 天津：天津人民出版社 ,2001:454.
2. 邓小南 . 关于“泥马渡康王”[J]. 北京大学学报（哲学社会科学版）,1995(06):101-108.
3. 吴金泽 . 数峰突兀势陡绝，上迫箕尾双星躔蓟州古城研究 [D]. 天津：天津大学 ,2014:27.

图 3-8《崆峒山图》（《蓟州志》）

为方形，主体建筑为圆形，以示“天圆地方”。玉皇阁建于主峰，有“众生祈福，上达天听”之意。

公元 697 年，唐朝著名诗人陈子昂随武攸宜征讨契丹孙万荣时，就驻扎在古渔阳城。他北登崆峒山，吟写了“北登蓟丘望，求古轩辕台，应龙已不见，牧马空黄埃，尚思广成子，遗迹白云隈。”

如今的府君山（图 3-9）苍松翠柏，碧绿如荫，游人如织。山顶上还建有一座钻石宝塔，每到夜晚流光溢彩，成为一道亮丽的风景。几百年前，“崆峒积雪”就是古渔阳八大景观之一，人称“景中之景”，并留有诗篇云：“衙斋陡觉起严寒，北指遥岑雪乱攒。扫径有人寻得得，前雪犹自舞漫漫。天清琼岛空中出，粉渍霜绡画里看。强把吟毫分禁体，醉翁才笔擅场难。”

站在府君山山顶远眺，一山观数景（图 3-10），南望是街道纵横、高楼林立的蓟州城区，东观是镶嵌在群山之中的翠屏湖，西眺是盘山云罩寺。许多摄影爱好者常在这里拍摄城区全貌和翠屏湖全景。

图 3-9 府君山望湖亭（赏心摄，2019）

图 3-10 远眺府君山（牛瑞甲摄，2019）

3.4.2 王八盖子山与卧牛岭

蓟州区古城东南的州河南岸翠屏山余脉形如乌龟（图3-11），有灵龟入水之势，因此得名灵龟山（当地俗称王八脖子山）。灵龟山上曾建有一座宝塔，其形似一支巨大的毛笔，人称“文峰笔”。蓟州人认为奔流不息的州河为这支巨大的毛笔提供了蘸不尽的墨汁，为蓟州区提供了源源不绝的发展动力。

王八盖子山与灵龟山一河之隔，坐落在西井峪村东，村中人都说“这只王八就是从古老的州河爬上来到这山里来修炼的”。据村里老人说，这王八盖子山很有灵气。传闻鹿与灵芝有一种特殊的渊源，这山上曾经长过灵芝草，而且时常有一只梅花鹿出没。但后来山里边开山放炮打石头，加上盖房修路搞建筑，野鹿就不敢来了，灵芝也随之消失不见了。

王八盖子山以北被称作卧牛岭，其形似卧着睡觉的老牛。地质考察人员经过科学考察，认为卧牛岭形成于约8亿年前，剧烈的地壳运动使沧海变桑田，冲刷出卧牛岭。山岭上至今还能捡到海洋生物化石[1]。

图3-11 翠屏山余脉（微博“蓟州发布”，2018）

3.4.3 刘伯温与锁龙岭传说

西井峪村周围的山最为奇特的是四周山脊蜿蜒环绕的“龙脉”，它虽然属于人工堆砌，但“龙脊、龙鳞、龙爪、龙头”清晰可辨。龙头与龙身相接之处有一道不是很明显的山岭，人们叫它“锁龙岭”。府君山北起饽饽山，南至锁子岭，沿山脊有大量积石蜿蜒起伏，它们呈条带状，通长2 550

1. 西井峪村村委会，西井峪村导游词。

米，当地人称“龙脊”。清道光年间的《蓟州志 · 山川》记载：“锁子岭在崆峒山下，形似锁，故名，乃前郡之龙脉。嘉庆十五年，州牧赵锡蒲以‘脉不宜断’因于脉上建风神庙以镇之；并禁止行人于脉上行走。”西井峪村正好坐落于龙脊之上[1]。

传说，这道龙脉乃是明代一个反王堆砌的，他想利用人们信奉帝王就是龙种的观念制造自己就是龙的传人的假象，让老百姓拥护自己，帮助自己推翻朝廷。传说明太祖朱元璋建立明朝以后，命宰相刘伯温为新都选址。刘伯温夜观天象，见北平城东一百里外山中云雾缭绕，虎啸龙吟，心里不禁一动，遂骑快马出城沿山路直接奔东而来。他一直骑到蓟州城北崆峒山下，往四周山梁上一看，发现看见的正是那道龙脉，隐隐约约首尾相顾，一副跃跃欲试的神态。刘伯温闭上眼睛掐指一算，这道龙脉与头天夜里所观天象正好吻合。这龙既然代表皇帝，一个朝代怎么能同时存在两条龙呢？为了不让反王影响到刚刚建立的大明社稷，刘伯温拔出腰间宝剑在龙头部位往下一划，将符咒压在一块大石头下面，并用剑尖儿写下“锁龙岭”三个字，从那以后这山上再也没有了龙吟虎啸之声。到了清朝康熙年间，康熙到此游览也看见了这条龙脉，怕这条龙真成气候，就在这龙脉上又修了一座庙，取名“日照寺”。因为龙乃水族，怕晒，所以这条龙始终没成气候。如今，锁龙岭（图 3-12）还在，日照寺已经被毁坏了，只留下残存的几块碎砖。

1933 年，抗日战争初期以宋哲元为军长的国民革命军第 29 军大刀队在喜峰口战役初期表现突出，全军名震天下。5 月 17 日，宋哲元率部队来到蓟州城，准备与日军打一场更加激烈的战斗，大杀日本人的威风。经过侦察，宋哲元亲自率部下来到府君山上，依托这道龙脉挖战壕、修炮台。因为这里地势险峻，进能攻，退能守，取胜的把握非常大。可是战壕和炮台都修建好以后，为了保护文物古迹，部队又撤走了，他们把战场转移到了三河县城。

俗话说，吃水不忘挖井人。所以，西井峪村庄的规划建设中加入了红色旅游的部分，时刻提醒大家不忘国耻，不忘革命先辈浴血奋战的丰功伟绩。29 军当年在山上修筑的炮台和战壕都被完整地保留下来，作为爱国主义教育基地供人们参观游览[2]。

图 3-12 锁龙岭（公众号“水上记忆”，2018）

1. 赵海军 . 蓟县文物志 [M]. 天津 . 天津人民出版社 ,2014：446 448.
2. 西井峪村导游词。

3.4.4 羊大仙与羊群岭

西井峪村进村口处的山岭叫羊群岭，因远看像羊头脸儿而得名。传说，早在西井峪村还没建村的时候，在一个冬天的早晨，山外边镇子里一个放羊的孩子走到半山腰看见一个白胡子老头躺在一块大石头旁，已经快冻僵了。孩子将老头扶起来，给他拍后背，用自己的小手给他捂手捂脸。老头慢慢醒过来了，朝他要水喝，小孩摸摸水壶，已经空了。他正着急呢，见羊群中有只大奶羊过来了，灵机一动，就用水壶接着，挤了半壶羊奶喂给老头。那老头喝了羊奶立刻就好了，小孩赶着羊，说要把老爷爷送回家。老头说："这山就是我的家，以后有啥为难的事就到山上找我。" 小孩说："我咋找呢？" 老头说："你就拍三下手，喊三声羊大仙我就出来。"

过了几天，小孩上山放羊时赶上刮大风，回到家发现少了两只羊。老财主进羊圈清点，见羊不够数儿，当时就把那孩子暴打一顿，饭也不给吃，还硬逼他回山里去找羊。被打得浑身是伤的孩子只好饿着肚子进山，此时山里的风更大了，孩子一边哭，一边喊羊，哪有羊的影子啊？喊着喊着，他忽然想起了那天遇到的老爷爷。于是试探着冲着山里拍了三下手，然后轻声地喊了三声"羊大仙"。没想到话音刚落，那老头就出现了，唏嘘着问他："孩子，咋回事？是不是挨打啦？" 放羊孩子哭着说明了原委，老头说："不用怕，孩子，回去吧，羊已经够数了，还多一只呢。" "真的吗？" 小孩将信将疑，一瘸一拐跑回财主家。到家后，他点起马灯到羊圈，把羊数了一遍又一遍，果然比原来多了一只，于是赶紧跑去叫来东家，财主也数了两遍，确实多了一只，遂乐颠颠地把那孩子叫进屋里，美美地让他吃了一顿饱饭，然后又连哄带吓地让他说出那三只羊是从哪儿弄来的。

小孩本来就胆小怕挨打，见东家逼问得紧，就把遇到白胡子老头的事儿一股脑儿地说出来了。那财主听了，立刻眼睛一亮，贪婪地说："傻小子，你这是遇到神仙啦，那可是要啥有啥呀，明天你立刻去给我要 100 只羊来，要不就别进家，听清楚没？"

天没亮，老财主就把放羊小孩揪起来，逼他上山去找羊大仙要羊。小孩不敢不从，一步三回头地进了山，到了第一次遇见老头的那块大石头，可是他不敢拍手，也不敢喊。他知道老财主就在身后不远处盯着他，他怕老爷爷真来了，财主会伤害老人家。小孩正为难，一抬头，忽然发现那白胡子老头正笑眯眯地看着他，老头身后是成百上千只羊。而那老财主，见了羊群早就按捺不住，疯了似地扑过去，拼命往山下赶。

"孩子，咱们走，让他看着轰去吧！"白胡子老头领着放羊小孩，转眼就消失在丛林中，而那老财主，还在拼命地赶那群羊，可那群羊怎么赶也不走。不一会儿，太阳出来了，那满山的羊群立刻就变成了一块块的大石头，最后连老财主也变成大石头了。直到现在，人们只要登上独乐寺二层的阁楼看这座山，那满坡的"羊群"好像是活动着的，影影绰绰跟真的羊群一样。

3.4.5 鹰嘴崖

西井峪后山一处险地被称为“鹰嘴崖”（图 3-13、图 3-14），每年这里都会吸引大量的户外运动爱好者前来探险。鹰嘴崖好似凌云振翅的雄鹰俯瞰着亿万年的中上元古界，为这连绵的群山增添了说不尽的雄壮。站在此处俯身窥探谷底，虽然惊险，但眼下风景却美不胜收。这里也是蓟县中上元古界国家自然保护区的一部分，岩层齐全、出露连续、怪石林立、意趣天成。近年来，这里已成为京津冀地区户外运动团队和摄影爱好者常年光顾的定点基地。

图 3-13 鹰嘴崖（亮剑摄，2019）

图 3-14 鹰嘴崖（公众号“遇见西井峪”，2019）

3.4.6 饽饽山

饽饽山（图 3-15、3-16）是西井峪村中的山，虽不是很高，但名字很有意思。饽饽山的名字可能源于两个方面，一是这山本身形状像饽饽；另一方面是根据村民的姓氏来的，西井峪村大部分村民姓周，周与“粥”谐音，人们吃粥时必不可少的主食就是饽饽，于是就管村中间这座山叫“饽饽山”。在人们的情感中，西井峪村就因为有了这座饽饽山，不论哪朝哪代，全村祖祖辈辈没有一家挨饿。而且，如果刨挖饽饽山的石土，里面的石粉都是暗红色的，像饽饽中的红豆沙馅[1]。

关于饽饽山还有一段神话传说。当年孙悟空大闹天宫，被二郎神追杀。孙悟空与二郎神斗法，使出七十二变，可总是被二郎神识破。后来，他来到一个小镇，镇上有许多店铺，其中一家是卖豆沙馅饽饽的。店门口摆着一大笸箩热气腾腾的饽饽，上面还盖块屉布。孙悟空摇身一变，变成一个饽饽藏在其中。可那猴子就是猴子，在哪儿待不上几分钟就得动，抓耳挠腮的，加上那一笸箩饽饽都是现出锅儿的，那孙猴子在里面待不大会儿就受不了了，就开始鼓攘（乱动）。二郎神起初从那饽饽摊儿跟前过去，没看出什么来，可又觉得不对劲，又返回来站到笸箩边儿上，有一搭没一搭瞎咋呼：“该死的弼马瘟，快出来吧，我看见你啦，再不出来我就把你放回笼屉里蒸了吃了。”变成饽饽的孙悟空不知是计，立刻待不住了，随即现出原形从笸箩里蹿了出来。只可惜了那一笸箩饽饽，滚得满地都是，有一个饽饽还挂在孙悟空的衣服上被他带到半空中，然后“啪”地掉到一户人家的后院，因为那饽饽也是沾了孙悟空仙气的，掉到地上眨眼间就变成了一座小山包，也就是今天的饽饽山[2]。

1. 西井峪村村委会，西井峪村导游词。
2. 蓟县生活网．西井峪传奇故事六《饽饽山传说》[EB/OL].[2010-4-29]. http://www.tjsjx.com/m/bbs/31363.aspx.

图 3-15 鸟瞰饽饽山（九略旅游管理有限公司，2019）

图 3-16 远眺饽饽山（唐柯炎摄，2019）

3.4.7 万卷石书

西井峪村著名的地质地貌是中上元古界原始地层剖面青白口系井儿峪组，村中人称其为“万卷石书”（图 3-17）。经过考察研究判断，距今 1812 年前到 8 亿年前，这里历经海水涨退，后来高山隆起，

图 3-17 “万卷石书”地貌（组图）（郝卫国摄，2019）

发生了天翻地覆的变化，形成了今天的“大地史书”。这部天然的“史书”记载着古老的信息，波纹状的叠层岩给人们带来无尽的遐想，也暗合着蓟州区古称“无终”的内涵。斗转星移，日升月落，几亿年过去了，漫步于田野山冈，人们还看得到残存的贝壳化石。

著名地质学家李四光先生在《中国地质学》一书中指出，“在欧亚大陆同时代地层中，蓟县剖面之佳，恐无出其右者”。“万卷石书”完整地展现了中上元古界几亿年的地球古地质的变化，井儿峪组的砾岩、砂岩、页岩波状纹理非常发育，还可以见到交错层冲刷面的构造，反映了当时的潮浦沉积环境。地层剖面就像万卷史书，讲述了古河流的变迁、古生物的变异。由于井儿峪组地质剖面地层展现清晰，像书页一样记录着地球母亲的沧桑，故被誉为“大地史书”，其不但记载着距今 18 亿至 8 亿年间地质的发展过程，也记载着远古时期生命的产生、进化和演变的过程[1]。

3.5 崆峒文化

府君山古称崆峒山，相传为黄帝问道于广成子之处，后山上建广成子殿，因年久失修，原殿损坏。清嘉庆十五年（1800 年），州牧赵锡蒲在原址重建广成子殿[2]，并成为蓟州城区和西井峪村的天然分界线。

崆峒，又名“空同”，包含了道家“大无”而空、大同而和的境界[3]。崆峒道源文化的主要依据是黄帝问道广成子的故事，这是黄帝问道的核心内容，浓缩了古代养生理论的精华，被誉为中华养生文化的源头。黄帝问道以故事的形式对道家的治国思想和治身理念作了全面而深刻的揭示，由此衍生发展的道源养生文化传承千年而经久不衰[4]。

3.5.1 黄帝问道与广成子殿

黄帝登临崆峒，在《史记 · 五帝本纪》和《庄子 · 在宥》中均有记载。考其出处有二，一为《史记 · 五帝本纪》曰：“天下有不顺者，黄帝从而征之，平者去之。披山通道，未尝宁居。东至于海，登丸山及岱宗；西至于崆峒，登鸡头；南至于江，登熊湘；北逐荤粥，合符釜山。”这里把崆峒说成是黄帝征战所至的地域。一为《庄子 · 在宥》曰：“黄帝立为天子十九年，令行天下，闻广成子在于崆峒之上，故往见之。曰：‘我闻吾子达于至道，敢问至道之精。吾欲取天地之精，以佐五穀，

1. 西井峪村村委会，西井峪村导游词。
2. 郭新纪，赵学海 . 蓟县志 [M]. 天津：天津社会科学院出版社；南开大学出版社，1991:744.
3. 王彩霞 . 论崆峒道源文化中的养生哲学 [C]//. 陕西省宝鸡市社会科学界联合会，甘肃省天水市社会科学界联合会，甘肃省平凉市社会科学界联合会，宁夏回族自治区固原市社会科学界联合会 . 陇山文化发展论集，2015:250-253.
4. 茹坚 . 崆峒道源文化及其相关的几个问题 [C]//. 陕西省宝鸡市社会科学界联合会，甘肃省天水市社会科学界联合会，甘肃省平凉市社会科学界联合会，宁夏回族自治区固原市社会科学界联合会 . 陇山文化发展论集，2015:240-243.

以养民人。吾又欲官阴阳以遂群生，为之何？’”这里又说，黄帝登临“崆峒”是为了问道。后人遂把二说演绎为一，形成了著名的“黄帝问道崆峒”的典故[1]。

明嘉靖、清道光及“民国”时期的《蓟州志》和《钦定盘山志》等，对府君山都有著述，并都有黄帝登此山问道广成子的记载。《名胜志》《太平寰宇记》《光绪顺天府志》《天府广记》《畿辅通志》《日下旧闻考》等志书也大都肯定了《蓟州志》关于黄帝问道崆峒山（府君山）的说法。

清华大学任重远教授考证研究认为，燕山一带是黄帝活动的中心，并著了《迁安黄帝古都》一书。其中对甲骨文“小屯 · 乙编 · 7171 正片”进行了破译，该片记载了“黄帝在幽州无终山中习武练斧”。明代史学家孙承泽所著的《天府广记》载：“蓟州东北有崆峒山，问道广成子处。”清光绪《顺天府志》中也考证了“蓟县有笄头山，崆峒、笄头相去不远。”经过史学家的多项考证，部分学者认为黄帝问道的崆峒山应该就是蓟州区的府君山。

府君山上昔日的广成子殿如今已经不复存在，但庙基和残砖碎石还随处可见。原址处仍遗留的石狮子底座、夹杆子石、大石头墩子都足以说明当时的大殿极具规模。史料记载，五千多年以前，为求修身至道之要，黄帝两登崆峒山，向当时住在山中修行的广成子探求修身和治理天下的方法。黄帝问广成子圣道精髓为何，广成子答：“治理天下者，没有见积云就想下雨，没有到秋天就想草木黄落，哪里能谈至道呢？”听了广成子的话，黄帝乘兴而来，败兴而归，离开了崆峒山。

从广成子那里回来之后，在铺了白茅草的静室潜心思考后，黄帝再一次来到广成子修行的崆峒山请教至道。当时，广成子头朝南躺在低矮的山洞里。黄帝顺风而跪下来，一再叩头，然后向广成子再次请教至道，问：“怎样调养身体，才能够使生命长久？”广成子道：“至道之精，窈窈冥冥，至道之极，昏昏默默。无视无听，抱神以静，形将自正，必静必清，无劳汝心，无摇汝精，存神定气，乃可长生。目无所见，耳无所闻，心无所知，汝将守形，形乃长生。”[2]黄帝用广成子教给他的至道，遵循自然规律来治理整个部落联盟，政令畅行天下，五谷丰登，万民安乐，得到了人们的拥护和爱戴。传说黄帝到年老的时候，一条黄龙驾云而来，迎黄帝登仙。黄帝驾龙而去。黄帝的臣子也想一同登仙，遂抓住龙须，怎料龙须折断，臣子们坠落于地，眼睁睁看着黄帝飞天而去。据说，现在地里长的龙须草，就是那些折断的龙须演化而来的[3]。

3.5.2 二郎神与穿云洞

西井峪村“西崖晚眺”景点旁就是穿云洞（图 3-18）。穿云洞是西井峪“五大景观”之一，这个洞过去是村民进出村子、与外界联系的主要通道。从前，村里人下山没有路，不用说汽车，连自行车也推不上来，人们下山出村就得从这洞里通过，然后沿羊肠小道下山。后来，村里修了柏油路，开发旅游，这里就成为一处景点。说起穿云洞，相传古时候，天上曾有 9 个太阳，所以只有白天，

1. 连雯 . 黄帝崆峒地望考辨 [J]. 南通大学学报（社会科学版）,2012,28(03):98-102.
2. 郭象（注）. 成玄英（疏）. 南华真经注疏 [M]. 北京：中华书局 ,1998:219-221.
3. 西井峪村村委会，西井峪村导游词。

没有黑夜，人们一天到晚被太阳晒着，河流干涸，草木不生，万物凋零。天上的玉皇大帝得知此事以后，派二郎神去收拾这些太阳。二郎神为了压住太阳，就用扁担担着两座山，逮着太阳就把它们压在山下。当追赶得只剩下最后一个太阳时，他已经非常疲累了，远远地看见那个太阳就在前面，但是隔了个山头就是逮不着。一怒之下就用扁担把那座山捅了个大窟窿，形成了今天的穿云洞[1]。

图 3-18 穿云洞（牛瑞甲摄，2019）

3.5.3 太白仙君与太白仙居

“太白仙居”（图 3-19）为饽饽山上一处山洞，位于西井峪村后侧的断崖绝壁之上，山体为距今 8 亿年前的地质石岩。洞深 20 多米，高、宽各 3 米左右，走势复杂，穿插连通。相传，唐代诗人李白奉召来到蓟州地区，调查安禄山意欲起兵作乱的阴谋。为了安全起见，李白没有到驿馆安歇，而是悄悄地躲在了冬暖夏凉的天然山洞内。在此山洞内安歇数月之久，他不仅探察到了安禄山谋反的实证，还写下了《北风行》等带“燕山雪花大如席”的名句[2]。

3.6 楹联文化

楹联是中国特有的文化景观语言，被誉为“诗中之诗”，讲究汉语言的平仄押韵，展现书法造诣，是传统文化与民俗文化的结晶。其通过艺术的语言，表达了传统文学的意境和韵律，具有厚重的人文价值，同时也体现了人们对美好生活的向往。楹联被写于纸上或被刻于竹、木之上，在民间，挂于族祠、寺庙、宅院和厅堂门两侧及门框上。不同节日及不同性质的院落、建筑所用楹联的内容不同，将文学的艺术性与景观环境结合在一起，使书法艺术与景观情趣融于一身，成为乡村文化景观的符号语言。

2006 年，“楹联习俗”被列入民俗类国家级非物质文化遗产名录[3]。

西井峪村自古就有挂楹联的传统，一般人家都会在新春之际，在宅门两侧或主屋正门两侧

1. 西井峪村村委会，西井峪村导游词。
2. 西井峪村村委会，西井峪村导游词。
3. 游红霞 . 楹联的文化景观叙事与旅游开发探讨 [J]. 重庆文理学院学报（社会科学版）,2017,36(02):7-13.

图 3-19 太白仙居（郝卫国摄，2018）

贴上春联（图 3-20），期望来年生活平安喜乐，红运当头。农家的楹联大多描绘自然景观的意境美，以四时之景、花鸟鱼虫等生活性景观为主题，具有生态的实体性和景观的文化性，如“春回大地千村喜，富到人间万户欢”“新燕行泥贺春朋，喜鹊登枝揽红运”“天上聚仙佛，人间满欢颜；蒲扇手中握，悠游好似仙”等，通俗易懂，朗朗上口。

唐·米切尔说：“文化景观是一段人类改变的自然，但是被改变的自然服务于一个独特目标：形成文化的需要和渴望。”楹联通过精练的语言和书法的独特形态，概括了景观的特色和意境，成为景观的标志物，象征性及叙事性使得楹联有着景观的广告推广作用。西井峪的皮影坊是村中最出名的工坊，其宅门和堂厅都挂有楹联（图 3-21），宅门的楹联写在纸上，总是更换，有“浑身武艺凭人舞，满腹文章借口传”“皮囊演戏，彩出真情”等，展现了皮影坊的历史文化和美学价值。堂厅木刻“双手对舞百万兵，一口诉说千古事”，既描绘了皮影戏的表演特征，也将这一民间技艺提升到民族精神的层面。

图 3-20 民居院落春联（公众号“原乡井峪”，2018）

图 3-21 皮影坊堂厅楹联（牛瑞甲摄，2019）

3.7 乡愁是人间烟火味道

烟火的味道就是生活的味道。在不大的院子里，左边种花，右边种瓜。三餐、四季，吹来的风氤氲着山的味道，袅袅炊烟里是乡间的人情，石头上刻着时间流淌的痕迹。这人间的烟火，许是写在门口的对联上，藏在孩子手中的花灯里，飘散在刚出锅热腾腾的饽饽上，或是随着周家嫁女、丁家娶妻而绚烂于人群中，这烟火温暖着村庄里的每一个人，是记忆中最深的味道。或许人们早已分不清，究竟是眷恋那种滋味，还是思念那种情怀。

3.7.1 信仰节庆

传统风貌不仅包括“自然环境、人工景观、文物遗迹等物质层面的内容，同样包括民俗节庆、生产方式、传统技艺等非物质层面的内容。”[1] 朱启臻、梁栋认为：“在维系乡村价值的系统中，习俗和节日仪式占据着重要位置。习俗和节日作为村民进行公共活动的媒介，同时作为建构公共空间的媒介，形成了村民们共同拥有的价值意义，对协调村民的行为、以引导的方式解决彼此之间的纷争具有重要作用。习俗和节日中体现着人们共同的价值观，在此价值观引导下的行为趋向于形成无争的秩序，且经常会得到周期性的强化，成为稳定且持续的乡村秩序的重要来源。”[2]

春节、元宵节是西井峪村最重要的传统节日，村民们会在门窗上贴上门神和窗花，在树枝上挂上红灯笼。村民组织秧歌队、锣鼓队，表演者装扮成各种形象的民俗人物在村庄的大街小巷舞动。新时代，新节庆，中秋前后的“丰收节”是西井峪最热闹的节日，村民们提前一两个月就开始为丰收节做准备，周边城市的人们慕名而来参加庆丰宴，庆祝一年的丰收。

1. 爆竹贺岁闹新春

在西井峪村，“除日”即“除夕”，人们有贴春联、换门符的习俗，礼拜于堂，谓“辞岁社”。古时候“元旦”即传统的大年初一，也俗称“扫帚生日”，这一天不能动扫帚，也不能打扫卫生，否则会招来“扫把星”，带来霉运。村里家家户户设香烛、牲果，拜天地、祖宗，吃饺子，以爆竹逐疫。衣冠罗列毕，祝尊，幼拜长；亲朋交相拜贺，旬日乃止[3]。初二祭财神，放鞭炮，回娘家。初一到初三，不能扫地，不能动用剪刀做针线活儿。正月初五也有习俗，叫“破五不出门”，过了初五诸多禁忌可以破除。剁饺子馅时要把案板剁响，也称“剁小人”。

2. 张灯结彩元宵节

农历正月十五“元宵节”又称“灯节”，是春节期间最后一个节日，“由先秦庭燎祀天仪式演化而来”[4]。人们祈求来年风调雨顺，生殖繁衍，避邪驱灾，花灯也被作为祈福的吉祥物（图 3-22，图 3-23）。在西井峪村，村民们设宴张灯，放花炮为乐。每逢喜庆的日子，扭大秧歌也是西井峪村的传统。在这一天，多支花会队伍来到村中，在石头广场前当街、碾道胡同表演，大鼓震天响，飞镲[5] 舞得欢，腰鼓赛雨点，秧歌彩绸飘（图 3-24）。妇女也在这一天出游“走百病”。村民们自己

1. 张超 . 京西传统村落外部空间更新改造研究 [D]. 北京：北京建筑大学 ,2018:52.
2. 朱启臻 , 梁栋 . 村落教育价值与乡村治理秩序重构 [J]. 人民论坛 ,2015(14):24-27.
3. 郭新纪 , 赵学海 . 蓟县志 [M]. 天津 : 天津社会科学院出版社，南开大学出版社 ,1991:271.
4. 向柏松 . 元宵灯节的起源及文化内涵新论 [J]. 中南民族学院学报 (人文社会科学版),2000(02):32-35.
5. 飞镲 ：沿海渔村集民间音乐、民间舞蹈、民间武术为一体的综合性的地方传统民俗艺术 .

包元宵，象征团圆美满，一家人在元宵节围坐在一起，共享热腾腾的元宵。

图 3-22 各式各样的花灯（公众号“遇见西井峪”，2018）

图 3-23 元宵节做花灯（公众号“遇见西井峪”，2018）

图 3-24 跃进广场扭大秧歌（组图）（公众号“遇见西井峪”，2018）

3. 五谷丰登丰收节

经党中央批准、国务院批复，自 2018 年起，每年秋分日被设立为“中国农民丰收节”[1]。丰收节已逐渐成为西井峪村最热闹的节日，丰收节持续三天，在跃进广场，村民们提前布置会场，大家将玉米、高粱穗、谷穗、倭瓜捆成捆，堆成堆，尽显丰收的气氛。

秧歌巡演、山货集市、皮影戏、村景摄影展、钱大妈剪纸、于庆成泥塑……西井峪村的手艺人和蓟州区其他村镇的非遗文化传承人都会来此展示民间工艺，不少游客驻足观赏。

2018 年，《今晚报》记者这样描述丰收节的盛况：“来自渔阳镇塘坊村、三里庄村、西关村的民间花会正在巡演；在传统工艺作坊，老艺人教游客用荆条编筐、用葫芦制瓢、用钉盖顶等；广场一侧正举行西井峪村风情摄影展，全面展现出西井峪村的发展变迁；在皮影戏坊，老艺人进行皮影戏展演，《三打白骨精》《关公斩颜良》等节目展现传统艺术魅力。”[2]

农民丰收节西井峪村有庆丰宴，其包括丰收果实宴、八碟八碗宴和茗茶月饼宴。宴席有八八席（俗称八碟八碗）、四四席等。数十位盛装的村妇列队送餐，美食如流水般呈现在宾客面前。玉米红薯、瓜果梨桃、桑梓豆片、特色酸枣汁……琳琅满目，秋味浓浓。在传统的宴席中，客人、长者坐上座，隔辈不同席，男女不同席。待客有“七茶八饭十成酒”的习俗，即给客人倒茶要七成满，盛饭要八成满，倒酒要十成满才算尊敬，且“主不喝，客不饮”[3]。随着时间推移，有些习俗逐渐消失，现在男女老少可以同桌共饮，但尊长之风、待客之道，觥筹之间仍尽显传统礼仪。西井峪村农历节日见表 3-3。丰收节现场和美食见图 3-25 ~ 图 3-28。

1. 国务院：设立“中国农民丰收节”[J]. 中国农民合作社，2018(7):5.
2. 黄建高 . 蓟州区渔阳镇西井峪村举办丰收节系列活动——“石头村”喊你来吃庆丰宴 [N]. 今晚报，2018-09-23(01).
3. 吴金泽 . 数峰突兀势陡绝，上迫箕尾双星躔蓟州古城研究 [D]. 天津：天津大学，2014:90.

表 3-3 西井峪村农历节日 (2019 年)

月份	节日及活动
一月	春节，正月初一； 正月十五元宵节，闹花灯、吃元宵； 正月二十五填仓节，打扫院落，置灯焚香
二月	二月初二，“龙抬头”，理发净面
三月	三月三，“生轩辕”，黄帝诞辰，除祭祀外，还有河畔嬉戏、男女相会、探春踏青等活动
四月	四月十五，有“过庙 ”的习俗，在这一天，村民要做一顿有肉的饭菜； 四月十八日，登五名山，赛圣母会； 四月二十八日，赛药王庙
五月	五月初五端午节，挂蒲悬艾，角黍相贻，儿女辈以色丝系颈，名为“百岁索”； 五月十三日，赛关帝庙[1]
六月	六月伏时，以麦面造酒曲； 六月二十三日，赛火神庙
七月	七月七日，“七夕”，结彩“乞巧”； 七月 十五日，设麻谷于堂，荐时食，祭祖先，亦有至坟前上供并焚纸钱者
八月	八月十八日，“城隍诞辰”，演戏庆贺[2]
九月	九月初九重阳节，制花糕，饮菊酒，携觞登高，又秋成，报社如祈年礼[3]
十月	十月初二，剪纸为衣，焚于坟前，谓之“送寒衣”，佣工者因此日还家
十一月	冬至，祭天地、祖宗
十二月	十二月初八，做“腊八粥”，杂以米、豆，复加枣、栗； 十二月二十四日，设香烛“祭灶”； 十二月三十“除日”，贴春联，换门符，礼拜于堂，谓“辞岁社”

1. 郭新纪 , 赵学海 . 蓟县志 [M]. 天津 : 天津社会科学院出版社 ; 南开大学出版社 ,1991:273.
2. 王政 . 京津冀方志所见民间演剧史料辑考 [J]. 北京社会科学 ,2010(2):28-33.
3. 吴金泽 . 数峰突兀势陡绝，上迫箕尾双星躔蓟州古城研究 [D]. 天津：天津大学 ,2014:40.

图 3-25 丰收节表演（公众号“遇见西井峪”，2019）

图 3-26 丰收节夜景（公众号“遇见西井峪”，2019）

图 3-27 八碟八碗（公众号“原乡井峪”，2017）

图 3-28 丰收四喜（公众号“遇见西井峪”，2017）

3.7.2 传统娱乐

踢蛋也叫踢铁蛋、踢石弹。村里的石头多，以前村民将石块磨成石球，现在一般用铁制成铁球，正月、腊月或农闲时，男孩们在村里的中心广场围在一起，10 多个人一起踢铁蛋。孩子们先在地上画一个直径 1 米左右的圆圈，铁蛋在玩家之间传来传去，先踢入圈中的人获胜。现在，娱乐方式更多了，村里的孩子很多都不怎么做这项游戏了，中心广场上踢铁蛋的还是过去的那一群“男孩”，一群中年男人还像儿时那样，围在一起争着比输赢（图 3-29，图 3-30）。

摔泥窝是村中儿童们的游戏，玩家们各自备好一块泥，找一块平地围坐一圈，每人捏一个泥碗，泥碗需大而薄，捏好后将碗口朝下使劲摔在地上，因碗底薄，碗内空气将碗底冲出一个大窟窿，若摔歪，泥碗则摔成一堆泥，洞小者用自己的泥补洞大者，补完再摔，最后以各自泥的多少定输赢（图 3-31）。

图 3-29 踢铁蛋（http://blog.sina.com.cn/s/blog_61523f480102dtbn.html）

图 3-30 踢铁蛋（九略旅游管理有限公司，2019）

图 3-31 山娃摔泥窝（http://www.yidianzixun.com/article/0K3p8u1H）

3.7.3 婚丧嫁娶

婚丧嫁娶与村民的日常生活关系密切，婚丧习俗较为繁复。西井峪村传统婚俗与蓟州区的较为接近，传统婚俗一般经过相人、相家、领证、娶亲几个环节。经过两家商定，婚嫁双方会请人们敬重的老人或了解传统风俗的人选日子，也叫“择日子”，择了日子，男方送来彩礼，双方就为结婚做准备了。首先是被褥，请村子里心灵手巧且儿女双全的“四全和人儿”来帮忙完成[1]。婚礼前两天女方带来嫁妆。婚礼前一天男方祭祖，当天晚上准备酒食。婚礼当天在院中摆酒席，请厨师做八碟八碗，上午接新娘，中午办酒席。

1. 赵海军 . 蓟县文化志 [M]. 天津人民出版社 .2014:290-291.

旧时丧俗，晚辈要守在临终人身边为其送终，也称“得济”，之后为死者更衣，“报丧”，将死者安置在灵床上，摆上供品，点燃长明灯。第一晚守灵人守灵，第二天上午，由四人“打墓子”，为死者开光，入殓，送棺材进灵棚，后辈磕岁，为死者送行。第二天女婿守灵。第三天出殡下葬。下葬礼中也有一些传统习俗，长子摔盆，即把灵前祭奠烧纸用的瓦盆摔碎。这盆叫“阴阳盆”，俗称“丧盆子”。摔盆讲究一次摔破，越破越好。俗话说这盆是死者新的锅，摔得粉碎才好带到阴间去。由外甥按当地习俗挑着九莲灯幡引路照亮，当地有“外甥打灯笼——照舅”之说。下葬结束后要办酒席，根据事主的经济条件，有八八席、十二八席等。新生活运动开始后，乡村婚丧仪式不断简化，人员参与减少，开支也大大降低。

3.7.4 四时味鲜

西井峪人自古以来就喜爱素食，主食五谷，间吃杂粮，辅食蔬菜，外加少量肉食[1]。源于泥土的味道就是乡村的味道。漫步于石头巷，四时之景各有千秋，料想这山间美食定有不少。春天里最好的椿芽菜，配上土鸡蛋，地里刚冒出头的野菜，给它们抖抖土，回家洗净，也能炒一盘好菜；秋天成熟的果实和蔬菜更是数不胜数，一颗土豆也有百般做法，八碟八碗各有千秋；冬天开瓮的咸菜配上泛着油光的腊肉也别有滋味，刚出锅烫手的烙饼搭配金黄香软的小米粥，晒干的果脯就着一壶暖茶……人们总是怀着敬畏的心情，感恩自然赠予乡村的四时之味。

靠山吃山是西井峪村的饮食传统。乡村传统饮食习俗不仅是农家生活的日常场景之一，而且是农家生产、生活的主要特点之一。改革开放之前，西井峪村长期处于相对封闭的环境，自给自足的自然经济状态使西井峪村民形成了自己的饮食习惯。由于自然条件的限制，小米、高粱、玉米、大豆等粗粮、豆类成为餐桌上的主食。土豆、红薯、南瓜、豆角、萝卜、白菜、荠菜等蔬菜丰富了餐桌上的美食种类。村民们用杂粮做成饽饽，用土豆、红薯做成粉条。原来条件不好的时候，村民很少吃肉，吃也仅是猪肉、鱼肉，家里散养的鸡也只是为了产蛋。这些传统饮食习俗逐渐演变为地方民俗特色，具有较为鲜明的特点，成为地方文化的一张名片，具有重要的现实价值与文化意义。乡村发展旅游业后，村民将饮食文化与社会、市场因素相结合，“建构民俗消费经济或民俗文化消费的模式，建构公共饮食文化消费空间”，打造属于西井峪村的饮食文化名片，传承西井峪村的饮食文化记忆。西井峪村的特色饮食见表 3-4。

1. 山野滋味

芥菜

春天，新鲜的芥菜叶被收割回来，将其剁碎，加入肉馅、香葱，用薄薄的馄饨皮一握，下水煮

1. 赵海军 . 蓟县文化志 [M]. 天津人民出版社 .2014:282.

表 3-4 西井峪村特色饮食

分类	种类
粮食作物	谷子、高粱、玉米、小米、红薯、大豆
经济作物	梨、柿子、核桃、山楂
主食	米饭、豆包、饽饽、卷子、稀饭（米粥）、饺子、馒头、花卷、包子、油条、烧饼、小豆粥、八宝粥、发面饼、葱花饼、合子、捞面、年糕、粽子、元宵、糖饼、锅塌
副食	萝卜、小白菜、土豆、豆角、茄子、冬瓜、南瓜、倭瓜、黄瓜、葱头、圃白菜、芹菜、菜花、萝卜、芥菜、荷兰豆、辣椒、洋姜、香椿、蒜苗、姜、葱、蒜、芥菜咸菜、黄瓜咸菜、雪里蕻、马齿菜干、红薯粉条
特色菜品	条肉碗、土灶熬鱼、茴香花生、豆馅饽饽
	八碟八碗，包括四个凉菜，四个热菜； 八个蒸碗，包括鸡、鱼、肘子、条肉、墩肉、瘦肉，丸子汤和蘑菇吊子
特色甜品	小吊梨汤、山楂酱、糖墩

至浮在水面捞出，特色芥菜馄饨就做好了。

芥菜根又叫芥菜头，经过腌制可制成芥菜咸菜。将芥菜头洗净，尤其要将夹杂于皮间的泥沙去掉，然后层层放入陶制大缸中，均匀撒盐，用水淹没芥菜头，注意放足量的盐以免变质（只放盐，不加任何其他辅料）。将其放于阴凉处，保存几个月或者半年，芥菜头变成棕褐色便可食用，可做日常下饭咸菜，还可做配菜，比如做小鱼咸菜等。芥菜美食见图 3-32 和图 3-33。

柴鸡蛋

西井峪村立夏吃蛋的习俗由来已久，俗话说“立夏吃了蛋，热天不疰夏”[1]。相传从立夏起，天

图 3-32 芥菜馄饨（公众号“原乡井峪”，2018）

图 3-33 荠菜咸菜（公众号“原乡井峪”，2018）

1. 阮志忠 . 立夏吃蛋防苦夏 [J]. 决策探索（上半月）,2013(6):88.

气渐热，为了避免小孩子“疰夏”[1]，传说女娲娘娘让百姓在立夏时给孩子脖子上栓一颗熟鸡蛋，此后立夏吃蛋的习俗一直延续至今。每当到立夏，西井峪村家家户户都开始腌制柴鸡蛋（图 3-34）。村里散养着许多吃五谷杂粮的柴鸡，鸡饲料中没有任何添加剂，产出的蛋营养更加丰富，口感也更好。

香椿

香椿芽香味浓郁，被称为“树上蔬菜”。清明前后，香椿芽鲜嫩，叶片肥厚，营养丰富，且具有较高的药用价值，配以柴鸡蛋，加入适量的盐，用筷子搅打成糊状，把蛋糊倒入炒锅，两面翻煎至成熟，即可出锅享用（图 3-35）。

图 3-34 柴鸡蛋（公众号“原乡井峪”，2018）

图 3-35 香 椿芽炒鸡蛋（公众号“原乡井峪”，2018）

八碟八碗

西井峪村的特色菜品有八碟八碗[2]，其中八碟包括四冷（两荤两素，拼盘为主）四热（主要为炒菜），八碗主要是炖品、汤类，没有固定菜式搭配。特色菜品有井峪大丰收（南瓜、红薯、玉米、毛豆），灌腊肠，丰收四喜（条肉碗、牛肉碗、排骨碗、八宝碗）、猪肉炖粉条、土灶熬鱼、红烧肉、红烧肘子、冬瓜丸子汤等。常见美食见图 3-36 和图 3-37。

1. 天气渐热，孩子会食欲减退逐渐消瘦，称为"疰夏"。
2. 原为满族正宗桌席，后经过民间改良，逢年、节、庆典、迎、送、嫁娶，富家多以八大碗宴请客人，八大碗在当时集中了扒、焖、酱、烧、炖、炒、蒸、熘等烹饪手法。

图 3-36 土灶熬鱼（公众号“遇见西井峪”，2017）

图 3-37 腊肠（公众号“原乡井峪”，2018）

2. 饱腹主食

饽饽

饽饽（图 3-38）是西井峪村最出名的主食，为了这一美食的传承，村里还恢复了饽饽坊。饽饽的制作过程并不复杂，但还是要有老师傅传授技巧。制作饽饽时，先将黑米、小米、白薯面等和白面按一定比例放在一起，放入适量碱面和水，和均匀后揉成馒头的形状。在众多步骤中最重要的当属加入“引子”和揉面的过程。从和面、计量、揉面、成型，再到蒸制，任何一个环节出了问题，做出来的饽饽口感都会不佳。和面时要达到手光、面光、盆光。“守面”不仅是力气活儿，也是个技术活儿，需要肩膀、手臂和手腕协调用力，均匀地揉面。面“守”得越好，蒸出来的饽饽就越筋道、越好吃。

图 3-38 黑米饽饽（公众号“原乡井峪”，2019）

小米稀饭

小米是西井峪的地方特产，在古时还作为贡米给王公大臣们享用。西井峪小米虽然产量不高，但是在品质与口味上绝对一流。传统工艺手工筛磨，造就了独一无二的井峪小米。小米稀饭（图 3-39）是西井峪村最重要的早餐。将小米下锅入水，文火慢熬，熬制出米油后便可以食用，再配上山药、枸杞、冰糖、香梨等，更具有滋补的功效。

图 3-39 滋补小米粥（组图）（公众号“原乡井峪”，2017）

春饼

立春时，春回大地，植物生出嫩芽。吃一些春天的新鲜蔬菜，既能防病，又有迎接新春的意味。在北方，人们都有吃春饼的习俗。吃春饼也有“咬春”的意思。人们用面粉做出薄薄的烙饼，以韭菜、胡萝卜、豆芽菜、黄瓜、木耳等混合，炒制成合菜，将合菜卷入春饼（图 3-40）食用。《关中记》记载：“立春日做春饼，以青蒿、黄韭、蓼芽包之”[1]。

图 3-40 春饼（公众号“原乡井峪”，2018）

1. 谢冕 . 春饼记鲜 [J]. 中国工会财会 ,2019(05):50.

烀饼

秋收后，村民把玉米磨成金黄的玉米面，把玉米面用温水和面，揉成面饼，起锅烧油，将玉米面饼平铺在锅底，再将剁碎的野菜放在玉米面饼上，烙成香脆的烀饼（图 3-41）。

图 3-41 玉米烀饼（公众号“原乡井峪”，2017）

3.7.5 集市文化

以前，商品经济不发达，交通运输困难，乡村中的人们为了获取生活物资，周期性地在固定的地点聚集做买卖，交换需要的物品。因此，集市上聚集了来自十里八乡的农副产品和生活用品，尤其是在节庆期间，庙会、扭会与集市同时举办，更是热闹非凡。集市不仅展示了民间丰富的风物特产，也集中、系统地展示了地方的民俗文化。人们精心打扮，挎篮挑筐地上街采买、游玩。集市的乡土特色和生活气息吸引着城市和乡镇的人们纷至沓来，逐渐成为现代社会中激发乡村旅游活力的重要因素。

在西井峪村，赶大集是村民们生活的一部分。农民们把收的山货拿到集上售卖，蓟州区大集至今依然保留着以商品交易为主的乡村市集传统。各个乡镇都会在固定日子举办大集。大集体现了原生态的民俗，具有很强的吸引力和社会效益。

在九略公司的带动下，西井峪村策划举办了村晚市集（图 3-42），村民将自家的农副产品摆到跃进广场售卖，十里八乡的民间工艺品、食品、小物件也来此售卖助阵，市集上还有传统游戏、露天电影、老旧书摊。相比于节日庆典，集市注重大众的参与、民俗生活的体验和创意产品的开发，促进了旅游业发展，使村庄获得更多的创收点，传统技艺借助集市的社交方式得以传承，游客对乡村及地域文化有了更深的认知。

图 3-42 村晚市集（九略旅游管理有限公司，2018）

3.8 乡愁是山间的独妙匠心

自古就有句俗话，“天干饿不死手艺人”，家里有个手艺好的匠人，往往日子都能过得更舒坦些。乡间有各种各样的手艺人，如砌石的、木匠、裁缝、编筐的、演皮影戏的、锵剪子磨菜刀的和扒盆补锅的。村巷里总会传出“叮叮当当”的敲打声和碰撞声。手艺人走街串巷，操着娴熟的技艺，给父老乡亲解决麻烦。他们在哪里干活，哪里就会有一群孩子围在他们身边看热闹，为宁静的山村带来一些活跃的生机。学手艺总是要吃苦的，年景不好的时候，饿不死有本事的手艺人，但生活富足了，机器生产方便了许多，年轻人也不想再吃苦学手艺了，手艺人老了，很多手艺就传承不下去了。

西井峪村民俗文化丰富多彩，随着时代的发展，一些传统手工艺逐渐没落。村内进行传统村落保护性开发以来，为了能够使传统文化焕发新活力，老辈的手艺得以传承，先后恢复了皮影坊、饽饽坊等 10 个手工作坊（表 3-5，此处列出 7 个手工作坊），开设各样的民俗文化展，尽量挖掘西井峪村的民俗文化意象。

表 3-5 西井峪村部分手工作坊

序号	名 称	类型	保护级别
1	草编坊	民居	优秀历史建筑
2	陶艺坊	民居	优秀历史建筑
3	漏粉坊	民居	优秀历史建筑
4	老磨坊	民居	优秀历史建筑
5	皮影坊	民居	优秀历史建筑
6	豆腐坊	民居	优秀历史建筑
7	菜干坊	民居	优秀历史建筑

3.8.1 砌石技艺

干砌墙是用当地获取的天然石材建造的可持续性结构。干砌墙分布于世界各地，在一些地区形成了当地特色，如英国的科茨沃尔德、皮克山区和湖区。在公元 15 世纪的秘鲁，印加人通过干砌的方式来建造梯田，他们还建造了这种结构的独立式建筑。印加人是干砌技术的大师，在没有灰泥的情况下，石块被切割成小块并被砌在一起。许多连接是如此完美，甚至连一把刀都不能插在石头之间。

与城市的钢筋水泥建筑不同，传统的石头房子更具有人文特色。西井峪村对干砌石技艺有序地加以整理、保护、继承和开发，将其打造为优秀的人文旅游资源，为历史文化名村的文化、传承与经济发展注入强劲动力。

2018 年，西井峪村石头干砌技艺被列入蓟州区第二批非物质文化遗产名录。“码盘了”是西井峪人的一项“绝活”，即用自然石材砌房基。方圆几十里之内，人们都知道西井峪人盘子码得最漂亮也最结实，都愿意请西井峪人码盘子，有人形容他们是“一把小锤养一家人”[1]。最有特点的是，村里人砌石头墙从来不用砂浆水泥勾缝儿，而是干垒，且墙根坚固。1976 年唐山大地震都没有震塌村里的石头房子和石墙，现在村里最老的石头房子都已经有百年以上历史。

位于中上元古界的西井峪村多山多石。由于地壳运动，岩层发生特殊的变质作用形成了变质岩，最后形成蕴量丰富的片麻石、页岩等岩石，它们片片层层，方便凿取[2]。村民在府君山选取适合的

1. 赵海军 . 蓟县文物志 [M]. 天津 : 天津人民出版社 ,2014：446-448.
2. 张璇 . 武汉市木兰石砌特色的传统村落保护与规划研究 [D]. 武汉：华中科技大学 ,2015:23.

岩石进行开采，开采后将石材进行加工再使用，加工过程主要包括修边打荒、粗打、剁斧、磨光等。

“丈量房屋基础后，挂上里线、外线，根据平线，将打磨好的石材砌筑到一定高度，最后在铺好的地槽面上‘看水平’。为了使墙体砌直，需要在墙底放线，四角放置线杆。”[1] 干砌墙是用石块砌筑墙体，不需任何黏合物。工匠用小锤将大石块边缘敲整齐，使得石头边缘的形状能够贴合，在缺漏的缝隙填充上小的碎石块。其稳固性来源于石块自身的重力与石块之间的嵌挤力，石块与石块错落相叠，不会松动[2]。

西井峪村中常使用乱砌、不规则层状砌和层层砌筑等方式砌筑房屋、围墙等。匠人们依靠经验，结合当地的自然条件、环境因素，创作出适合井儿峪一带的有机建筑，尽可能地保留手工痕迹和材质的自然属性，表现出了建筑的敦厚与朴实，这种形象与匠人们自身的特点相统一。干砌建筑的形象性体现出匠人的匠心，而匠人们的智慧又凝结在了干砌作品当中。石头墙见图 3-43。干砌工艺见图 3-44 和图 3-45。

图 3-43 石头墙（郝卫国摄，2019）

1. 肖琳琳，王军，康渊．“山地石头村”民居地域适应性营建智慧分析——以天津市蓟县西井峪村为例 [M]// 中国城市规划学会．第三届全国村镇规划理论与实践研讨会暨第二届田园建筑研讨会论文集，北京：中国建筑工业出版社，2016:369-374.
2. 洪晨．木兰干砌研究 [J]. 居舍，2017(29):120，165.

图 3-44 跃进广场施工现场（九略旅游管理有限公司，2019）

图 3-45 跃进广场周志华砌石（九略旅游管理有限公司，2019）

3.8.2 草编技艺

草编工艺是选用自然界的植物根和茎作为编织材料进行的手工编织[1]。草编工艺是我国原始社会最先出现的一种手工编织技艺，农耕文明发展后，草编工艺就不断进步。在“男耕女织”的乡村生活中，人们运用生活中常见的材料进行编织，利用玉米叶子、荆条、稻草、高粱秆、草秆等编织鸟窝、蝈蝈笼、带盖小篓、盖帘、猫窝、蒲团等。在西井峪村传统工艺作坊中，老艺人会教游客用荆条编筐（图 3-46）。

图 3-46 用荆条编筐（公众号“蓟州旅游地接平台”，2018）

1. 孙志芹，周月阳，崔露．探析我国传统草编工艺蕴含的农耕文化 [J]. 设计，2015(24):96-97.

3.8.3 刺绣技艺

过去传统的儿童服饰、鞋帽、玩具、包被等物件都是由母亲们亲手缝制的，村中大部分老人都会刺绣[1]，为子孙做幼儿肚兜、猫鞋，因村中有“不穿瞎鞋”之说，做的鞋要“有鼻子有眼”。老人们讲“头儿穿猪，二儿穿猫，阎王爷见了嗷嗷叫”。西井峪特色的猫鞋、猪鞋、兔鞋承载着母亲们对孩子的期望和爱护。过去条件不好的时候，人们总是将一些不能再补的破损衣裳和破布剪成碎布头，展平后，用糨糊粘在一起，慢慢阴干，这项工作耗时是最长的。将阴干的“骨子”包上布面纳成鞋底，小孩子脚长得快，总爱跑跳，母亲们总担心鞋不结实，就用指头狠勒纳线，一双鞋做下来手指上总会有许多红痕，从打夹纸、剪样儿，到缝制猫脸、猪脸的图案，再到缝鞋口、上鞋底，一针一线都是母亲对孩子浓浓的爱[2]。

过去，西井峪村每家的妇人都会刺绣，房前屋后总有三五个妇女聚在一起飞针走线。翻动着线头，西井峪村的刺绣没有特殊的技艺，村民们只是凭借个人的喜好，加上对生活的观察和理解而设计制作。

99 岁的卜静珍老奶奶从十四五岁开始做针线活，在十里八乡都有名气，很多人都慕名而来找卜奶奶帮忙做猫鞋。虽然已近百岁的高龄，卜奶奶依然身体健朗，生活自立自行，仍然为孩子们缝制布鞋（图 3-47）。纪录片《西井峪》提案片花中就以卜静珍奶奶的日常生活和采访作为主线，根据卜静珍奶奶对往日的描述，回忆西井峪村的百年沧桑。

村里做鞋手艺最好的卜静珍奶奶曾对周云龙说：“现代科技很发达，手工布鞋很少有人穿了，

图 3-47 卜静珍奶奶刺绣（组图）（http://www.yidianzixun.com/article/0K3p8u1H）

1. 高丹丹 . 山东沂蒙山区虎头鞋制作工艺调查研究 [J]. 文物鉴定与鉴赏 ,2017(12):40-42.
2. 张麒麟 .90 后众筹为老人圆梦老奶奶布鞋展日子定了 [EB/OL]. 北方网 .[2017-03-02]. http://news.enorth.com.cn/system/2017/03/02/031607108.shtml.

可惜的不是做鞋的手艺，而是传递的那份感情。我从小就看我的奶奶和妈妈做鞋，我是穿着她们做的鞋长大的，后辈又是穿着我做的鞋长大的。我希望等我不在了，这份感情还能传递下去。”[1]2016 年 12 月，为实现卜奶奶的这个心愿，周云龙在网上发起了公益众筹活动，共搜集了 100 双布鞋。2017 年，村中成功举办了“奶奶的梦想，古村的传承”布鞋展（图 3–48、图 3–49），展出的每一双布鞋样式都可爱憨厚，体现了乡村劳动人民的朴实与勤劳。村中妇女的刺绣作品也让人惊叹，村内胡大娘刺绣见图 3–50。

图 3–48 “拾磨”举办奶奶布鞋展（九略旅游管理有限公司，2016）

图 3–49 奶奶的梦想布鞋展（公众号“遇见西井峪”，2017）

图 3–50 胡大娘刺绣（天津市旅游局，搜狐新闻，2016）

1. 张麒麟 .90 后众筹为老人圆梦老奶奶布鞋展日子定了 [EB/OL]. 北方网 .[2017-03-02]. http://news.enorth.com.cn/system/2017/03/02/031607108.shtml

3.8.4 皮影技艺

2009年10月23日，“皮影雕刻技艺”被列入天津市人民政府第二批市级非物质文化遗产名录。“皮影雕刻主要用驴皮做原料，将其雕刻成各种人物、动物、建筑、兵器等，然后涂色，刷上桐油。皮影雕刻成品要经过选皮、制皮、雕刻、涂色、刷油等37道工序，成品高度为0.2~0.8米，雕刻的人物主要以头饰、服饰区分；道具有山、石、云、水、车、船、轿、马、城、房、桌、椅，树木、动物、兵器等。”[1]《中国戏剧史长编》中说：“表演影戏有名的地方，为河北滦县一带，俗称‘滦州影’。”今河北省唐山市的滦州、乐亭皮影戏，是国内最负盛名的民间皮影戏剧种[2]。西井峪村皮影属于河北皮影的一种类型，蓟州地区的皮影来源于唐山皮影，蓟州人也叫“唱影”，是以前蓟州人最喜欢的一种夜间娱乐节目。过去村里没什么文娱生活，正月初五到正月十五，皮影坊的人组织唱皮影，据《蓟县民俗录》记载，蓟州皮影历史悠久且分布广，几乎每个较大的集镇或较大的村庄都有皮影社。表演的段子多是成本大套的古戏剧，如《朱元璋走国》《五峰会》等。

皮影表演要求演员手、脚、嘴三方面都有硬功夫，可以说“眼观六路，耳听八方”。手要能熟练地操作影人，能将耍、打、跑、跳、跪、窜等影人动作熟练地演出来，同时嘴上的说、念、唱功夫要全面，唱谁像谁；此外，脚下还要掣动敲打锣鼓进行伴奏，一专多能是唱影人的特长。皮影坊皮影戏表演见图3-51。村内的皮影曲目见表3-6。

皮影戏团长周维苓说她自己17岁时开始唱皮影戏，这里的皮影戏世代传承。西井峪村皮影艺人周继德从事皮影工作50多年。他说：“皮影的传承人越来越少，年轻人都不了解原来的皮影戏

图3-51 皮影坊皮影戏表演（公众号”小乔-Qy“，2019）

1. 赵海军．蓟县文化志[M]. 天津人民出版社 .2014:281.
2. 王默根，董铁军．唐山皮影及其造型艺术[J]. 装饰，2007(04):130-132.

内容，为了使皮影艺术传承下去，皮影戏工作者为孩子、旅游者编辑了新的皮影，如《鹤与鬼》《小羊过桥》等。” 现在村子里剩下的为数不多的几位皮影传承人也都七八十岁了，王财、周维苓、周连第都是有名的皮影师傅。

表 3-6 西井峪村皮影曲目发展统计表（2019 年）

分类	曲目
传统曲目	《西游记》《镇冤塔》《铁树开花》《白蛇传》《二度梅》《五锋会》《砸銮驾》《包公案》《三侠剑》等
1949 年后新曲目	《敌后武工队》《平原枪声》
2012 年美丽乡村评选曲目	《石头村》
旅游宣传新曲目	《鹤与鬼》《小羊过桥》

3.8.5 漏粉技艺

漏粉是西井峪村的传统技艺（图 3-52，图 3-53）。粉条是村民餐桌上必不可少的食品。在漏粉坊，村民将洗净的白薯（土豆）粉碎过滤，加入适量酸浆水，经磨浆、沉淀等工序，过滤多余水分，将淀粉坨自然风干，加少许温水调成淀粉乳，再加入稍多沸水使淀粉升温、糊化[1]。糊化后，将其搅匀，形成无结块半透明的糊状体即为粉芡。将白薯粉与打好的芡混合，和面，淀粉粉浆由葫芦瓢漏到锅里成线状流出[2]，进入直火加热沸水的糊化锅中，成形过凉后挂起晾晒，制成手工粉条。粉条是西井峪村民的家常菜，逢年过节，猪肉炖粉条、肉末炒粉条、白菜炒粉条都是餐桌上的必备菜肴。

图 3-52 漏粉技艺 1（公众号“乐游天津”，2018）

图 3-53 漏粉技艺 2（公众号“遇见西井峪”，2018）

1. 李长林 . 土豆粉丝的制作 [J]. 湖北植保 ,2003(3):36
2. 王利平 . 马铃薯加工三法 [J]. 农村实用技术 ,2017(3):57-58.

3.9 摄影文化

西井峪村发展旅游业时间不是很长，但由于村庄基本保持了历史原貌，许多摄影爱好者都来这里拍摄照片。2005 年 4 月 24 日，西井峪民俗摄影村开村。在当年的春节晚会上，著名军旅歌唱家阎维文的一曲《为中国守岁》响彻长城内外，大江南北。其歌曲的配景地就是西井峪村。从此，人们都知道了天津市蓟州区还有个叫西井峪的小村。这之后来自津、京、唐等地区的摄影家、摄影爱好者把西井峪村当成采风创作的大本营，在古朴山村别具一格的自然景观和风土人情中迸发了创作灵感。这一年，西井峪村成功举办了“西井峪杯”乡土风情摄影大赛。

早在 2001 年，导演谢晋与学者冯骥才一起来村里为电影《石头说话》拍摄外景。解海龙、莫毅等摄影家也慕名而来，驻村采风创作。天津摄影家莫毅探访了西井峪村的每一处风景，最终在饽饽山半山腰的周建海家中拍摄了外景。院子视野开阔，房子古味十足，莫毅在此拍摄了一组题为《城市在山村里呼吸》的作品。2013 年，电影《越来越好》在此取景，这座山里的石头村越来越受到人们的关注。村内的摄影作品展见图 3-54。

图 3-54 摄影作品展（http://www.yidianzixun.com/article/0K3p8u1H）

第 4 章

西井峪村庄聚落

“土地是有生命的，村落是大地景观的一个重要组成部分，它积淀了许许多多的历史、文化和乡土民俗，同时在千百年的演化中构筑了各种人居聚落的安全模式，它是大地景观生命的元素和节点。”[1] 早在商周时期，中国人就开始了聚落研究，《尚书》《诗经》等记载了中国古老的相地术“卜宅之文”“对古代先民选择居址和规划城邑的活动进行了史实性记述”。基于“天人合一”的理论体系指导着传统建筑的选址和规划布局。20 世纪末至今，乡村地理学的研究内容逐渐扩展，除涉及基础理论探讨、土地利用、乡村经济、乡村城市化、乡村景观、乡村文化等研究内容之外，乡村聚落和乡村空间研究开始被众多学者所关注[2、3]。与此同时，一些学者还对区域乡村住区与传统聚落的可持续发展、乡村居住用地变化与人口的相关模型、城郊村镇分布等问题进行了研究[4]。20 世纪 90 年代中后期，贵州省安顺屯堡村，湖南省岳阳张谷英村和湘西王村、矮寨、德夯村，福建省南靖田螺坑村，陕西省韩城党家村，北京市门头沟爨底下村等几十个传统村落，均在传统村落文化的深度挖掘和生态景观建设领域取得成功。西井峪村作为历史文化名村，其聚落的选址及空间特征沿袭了传统聚落的文化精髓，同时又赋予了新的时代精神。

4.1 西井峪的山水格局

西井峪村位于饽饽山以南、府君山以北的中上元古界国家地质公园保护区内，村落东、西、南、北各有一条沟谷，其中北侧、西侧沟谷为断崖，是西井峪与外界的天然边界[5]。

“渔阳古城北面，有一座形似笔架的山峰，名叫府君山，古称崆峒山。山的后面，有一个小小的石头村，依山而建，石青色的房子高低起伏，散落在山涧的边缘。石头房、石头墙、石头街巷，石头碾、石头磨、石头洞藏，抬头是石，低头是石。”蓟州的史料中如此记载着西井峪村。

4.1.1 “井”与“山”

“风水的基本思想就是把一个村、一个社区、一棵树、一片树叶作为一个生命整体系统，这个系统不再以人为中心，而是以自然为中心。”[6] 西井峪村不仅是人的聚居地，更是各类生态系统

1. 俞孔坚，李迪华，韩西丽，等．新农村建设规划与城市扩张的景观安全格局途径——以马岗村为例 [J]．城市规划学刊，2006(5):97-98.
2.. 廖荣华，喻光明，刘美文．城乡一体化过程中聚落选址和布局的演变 [J]. 人文地理，1997,12(4):31-34.
3. 冯文勇，陈新莓．晋中平原地区农村聚落扩展分析 [J]. 人文地理，2003,18(6):93-96.
4. 郭晓东．黄土丘陵区乡村聚落发展及其空间结构研究 [D]. 兰州：兰州大学，2007:27.
5. 晓然．中国传统古村落之西井峪村 [J]. 中国工会财会，2017(09):58.
6. 孙君．农道：没有捷径可走的新农村之路 [M]. 北京：中国轻工业出版社，2014:156.

达到和谐的整体系统。“西井峪整体村落坐北朝南，沿等高线布局，基本符合环山聚气的传统山水理论，前有府君山次峰（案山），后有饽饽山（祖山）及北部山体，东侧有府君山主峰（青龙），西有小岭子（白虎）。如在‘井’中，藏风聚气、负阴抱阳。”[1] 山对于西井峪的空间布局有着重要的作用，村落整体位于山坡上，地势较高，环山聚气，负阴抱阳[1]。正因为这样相对封闭的地理条件，传统村落才能够相对完整地保留下来。据清道光《蓟州志 · 山川》记载，西井峪有龙脉之称，古村落也是“前有府君山‘龙脉’的庇护，后有饽饽山而靠之”，人们在此可安居乐业、衣食无忧[2]。西井峪村的山水格局见图 4-1。

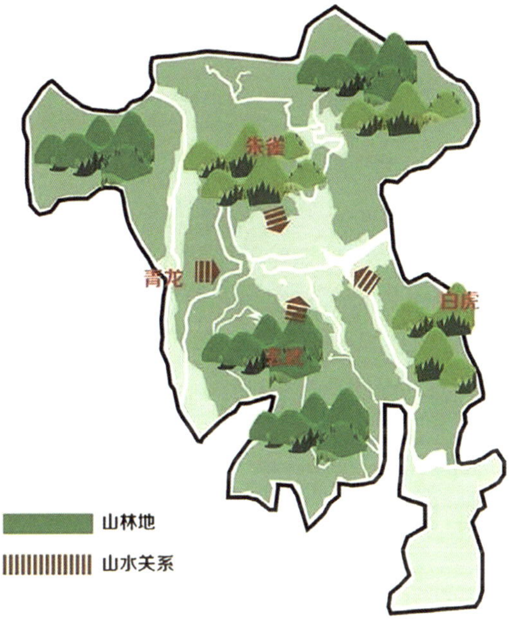

图 4-1 西井峪村的山水格局（李函阳绘，2019）

4.1.2 “峪”与“房”

西井峪的山水格局是自然与人为因素共同作用而形成的，山、水、林、田、建筑都对村庄的山水格局产生不可忽视的影响，这样的“井”字格局对村中的风环境影响较大，府君山的遮挡使东南季风偏向于东向季风，村中建筑东西向排列，夏季风穿巷而过会加大风力，使炎热的天气变得凉爽舒适。饽饽山在冬季阻挡了一部分西北风。民居建筑的错位排列有效地提高了山区村落每家每户的日照时长，建筑排列形成的道路空间蜿蜒曲折，尺度较小，能够减小山里主导风的风速。这样的建筑布局能够有效应对冬季的低温。如坐“井”中的沟谷型地貌形成了西井峪村独具特色的景观风格和历史人文价值，西井峪村与周边山脉见图 4-2。

1. 齐羚，马梓烜，郭雨萌，等 . 基于微气候适应性设计的天津市蓟州区西井峪村山水格局分析 [J]. 中国园林 ,2018,34(02):34-41.
2. 俞孔坚，李迪华，韩西丽，等 . 新农村建设规划与城市扩张的景观安全格局途径——以马岗村为例 [J]. 城市规划学刊 ,2006(5):97-98.

图 4-2 西井峪村与周边山脉（唐柯炎摄，2019）

4.1.3 空间序列

村庄的组织形式总体可以归纳为：起始段→平铺段→高潮段→平铺段→结束段。1980 年至今，西井峪村新建空间序列的组织形式是：西井峪党群中心（起始段）→南上坎街（平铺段）→跃进广场（高潮段）→南上坎街（平铺段）→西崖晚眺景点（结束段），这是村庄主要的车行序列，也是进入村庄的“门户”序列。1980 年之前，西井峪传统空间序列组织形式是：前当街（起始段）→老磨坊（平铺段）→皮影坊（高潮段）→东磨道（平铺段）→西崖晚眺景点（结束段）。后当街同样具有自己的空间序列，其主街的序列可以概括为：东磨道→后当街→西磨道。在传统空间序列式人行空间中，传统房屋围绕两个空间序列排布，上述序列只是对西井峪村空间序列的一个简单概括，其中很多次要节点均被省略，见图 4-3。

从总体上看，村庄核心区域建筑密度大，院落面积小、形态较规整，建筑与围合空间比较小；村庄西南部和南部新建区域院落面积大，院落形态随山势而建，不追求规整，庭院面积较大，建筑与围合空间比较大。从空间上，院落特征差异主要与区位、地形、交通等自然地理条件有关。位置影响院落的内部布局，村庄外围的建筑因地势高、受邻里建筑采光、隐私影响小，院内可建二层房屋，院落面积较大。

整体村庄的演变受到点、线、面 3 种因素的影响。点具有较强的中心凝聚力，起到社会控制和视觉控制的作用，标示出村庄的社会语义，吸引着院落向中心聚集。中心广场作为村庄最重要的社会关系集中点，承载着村庄的丰收、节庆活动，是村庄整体秩序的导向。此控制点 100 m 范

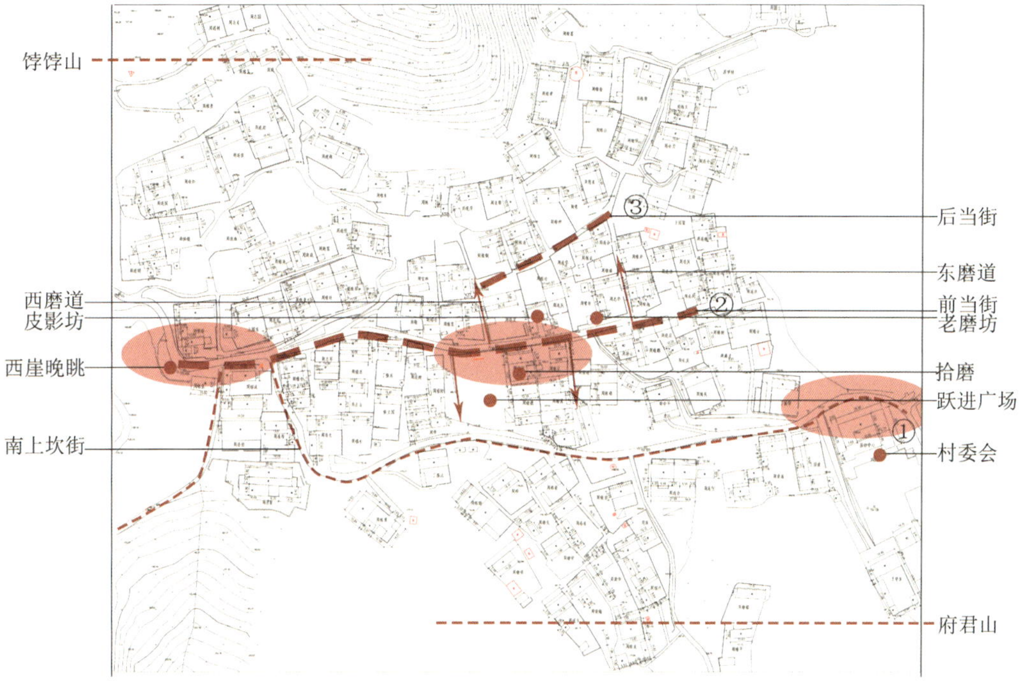

①—新建空间序列；②—传统空间序列；③—后当街空间序列

图 4-3 西井峪村空间序列（牛瑞甲绘，2019）

围内的建筑密度最大，同类型的控制点还有各类景观节点，如街巷交口、标志性构筑物、景观小品、基础设施、宗祠祖坟等。村庄的院落布局以一个大控制点为中心，向心分布多个次要控制点，每个控制点组成一个组团。在亲缘氏族观念的影响下，中心凝聚力是传统聚落空间分布的一大特点。在向心凝聚力及地势的影响下，村内发展用地有限，邻里院落聚集，为保证日照条件，各户的庭院面积较大，多为一字形和“L”形院落，围合形态规则特征明显。

线性控制因素对景观格局有较强的导向作用。地形是最主要的线性控制因素，在此影响下，村庄院落沿等高线排列，串联各院落的交通网络逐步形成。在城镇化的背景下，道路的景观格局的控制力也越来越大，往往会沿道路形成带状的聚居区域（图 4-4）。但由于道路两侧的发展用地有限，因此沿

图 4-4 西井峪村航拍图（唐柯炎摄，2018）

道路新建的院落面积越小，规划特征越明显。

在耕地与林地、山体等距离半径的控制下，院落分布分散，与周边环境的融合度高，围合形态规则度低，因势定形，或无明显的院坝边界。院落以生活功能为主。

4.2 西井峪的前街后巷

西井峪行政村由上庄、下庄、后寺和山前4个自然村构成，上庄是西井峪村的核心村，其房屋、耕地与山体相呼应，借由地势形成了层层错落的景观。西井峪村落整体走向由南向北逐渐升高，农耕用地主要“围绕山体走势而建，从而形成了盘山而建的独具特色的石砌梯田”[1]。村庄的街巷格局基本保留了长度较长且格局完整的4条街巷，保护了传统街巷文化的完整性和连续性。村内主要道路有7条，次要道路有13条，外部连接道路有3条。主要道路作为村子内的主要街道，宽度约为4 m；次要道路宽度为2.5 ~ 3 m；小巷的宽度为1.5~2.5 m。道路两侧放置有石磨、石凳等乡村生产生活基础设施。

由于地势的影响，西井峪村的街道类型属于自由型街巷布局。依据街巷功能和尺度不同，西井峪村的街巷可划分为3种类型。第一种，交通型街巷，尺度较大，机动车可通行，街两侧有临街商铺和摊点。第二种，生活型巷道，这种巷道是村民及游客活动类型最丰富、最有特色的街巷空间，呈东南西北四向交错纵横，尺度小，多为游客步行游览路线。第三种，入户型巷道，其是生活型巷道的延伸，直接与村民住宅入口相连。因地形较为起伏，西井峪村落内部街巷空间形式较为复杂。街巷形态主要呈直线形和弧线形，分为“一”形街巷、“L”形街巷、“丁”字形街巷和交错“十”字形街巷（图4-5）。

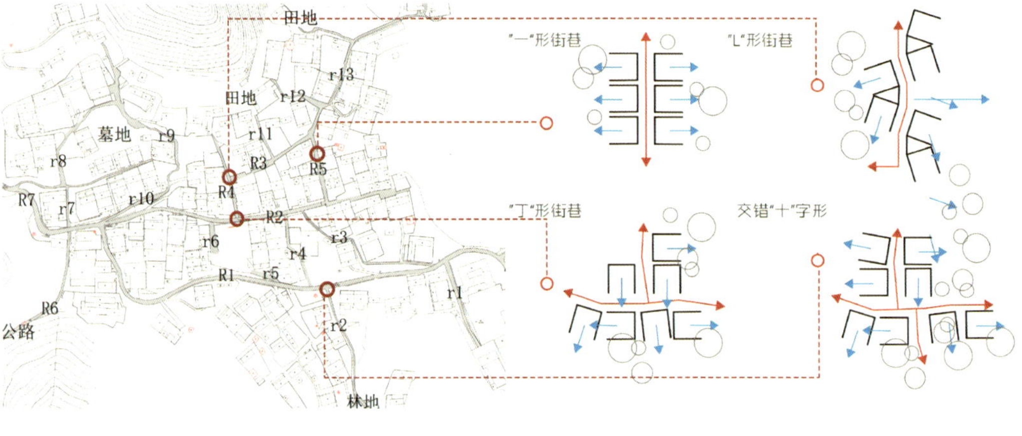

图4-5 西井峪村街巷类型图（牛瑞甲、王小涵绘，2019）

1. 肖琳琳，王军，康渊．“山地石头村”民居地域适应性营建智慧分析——以天津市蓟县西井峪村为例[M]// 中国城市规划学会．第三届全国村镇规划理论与实践研讨会暨第二届田园建筑研讨会论文集．北京：中国建筑工业出版社，2016:369-374.

西井峪村因地形多变，村落盘山而上，故街巷立面变化也较为丰富，多为石头垒砌。街巷随山势起伏而上下，高低不同。从街巷内可看到院落内房屋的坡屋顶，院落多为合院形制，房屋造型优美。村内街巷网络见图 4-6，墙体立面见图 4-7。

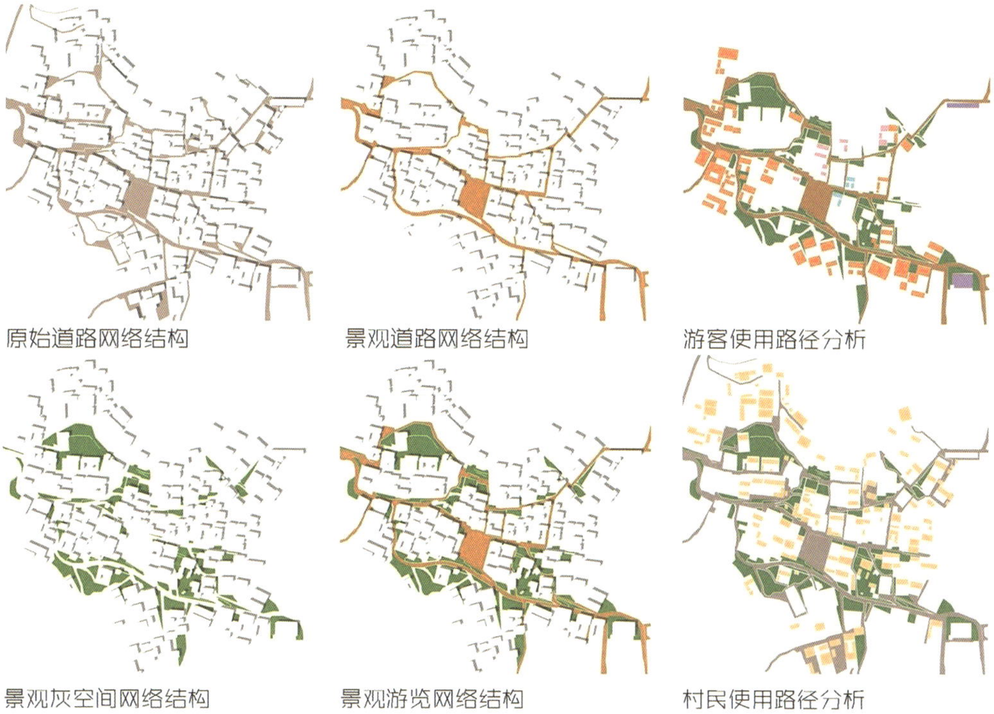

图 4-6 西井峪村街巷网络（李函阳绘，2019）

图 4-7 街巷两侧墙体立面（牛瑞甲摄，2018）

4.2.1 前当街、后当街、西磨道

过去村里有 3 条主街，分别是前趟街、后趟街和西磨道。因为村子的驴拉碾子走一圈是一趟，西磨道连接着前、后趟街，驴车绕着村子走一圈，像拉一圈磨，于是村里就将这几条街道取名为“磨道”和“趟街”。原来的老村子就是围绕着 3 条街巷建立的。村庄整体进行保护性开发后，新增东磨道、南上坎、下沟等街巷的名称，将前趟街、后趟街改名为前当街、后当街。街巷见图 4-8 和图 4-9。

漫长的时光里，村里的房子先先后后地盖起来，形成了西井峪村独特的街巷景观。院落与院落之间依形就势形成了狭窄曲折的石头街巷。村中的房子拆拆建建，但原来的老街依旧保持着较为完整和连续的空间格局。因一条条坡道用石头铺就，即使下雨或下雪的天气，孩子们奔跑在巷子里也不怕滑倒，在干燥的天气里也绝不会沾一身土。石路敦厚地承接着一双双粗布鞋的“亲吻”，驴车叮当作响的声音回荡在巷子里，歌唱着每个丰收的秋天……

在西井峪村的保护性规划过程中，设计院的工作人员通过多次的测绘调研、布局分析和模数计算，审慎地进行规划，保留了原有纵横交错的四巷作为村庄的骨架，串联这村庄的每一座房子、每一个角落。“通过传统街巷串联、挖掘古村内传统建筑特色元素和空间特点，形成网络化的游览参观线路，实现‘街巷就是博物馆’的开放式、网络化的展示体系。”[1]

图 4-8 西磨道（郝卫国摄，2018）

图 4-9 西井峪街道（牛瑞甲摄，2019）

4.2.2 南上坎街、南山坡老路、西井峪路

随着旅游市场化程度不断加深，柏油马路将西井峪村与山下的渔阳镇连接起来。这条柏油马路为村庄带来了更好的发展，是村民的致富之路。进山的道路被命名为西井峪路，村内主要的车行道是南上坎街和南山坡老路。

1. 天津大学城市规划设计研究院，天津市蓟县渔阳镇西井峪村历史文化保护规划说明书 [R].2011:13。

1999 年，西井峪村通了第一条柏油马路。从此，这个山里的村庄就与繁华的蓟州城区紧密地联系在一起。与南上坎街一样的柏油马路是改造后的南山坡老路，它经过拓宽、硬化，侧经“跃进广场”西接“西崖晚眺”，南至“翠岭锁龙”，再与“万卷石书”“太白仙居”游览路线汇合，从而将“五景”整体串联起来。南上坎街（图 4-10）连接村东西出入口，是西井峪村最重要的交通道路。无论村民还是游客进入村庄，都要走这条柏油马路，这条街是西井峪村展现给游客的第一印象。道路两侧是一家家农舍，院子里种植柿子树、核桃树、山楂树，长长的枝条伸出院子，沉甸甸的果实挂满枝头。一些农户会在街的两侧摆起小摊，卖点自己家做的或者种的食物。

西井峪路（图 4-11）由东西两段组成，全长 3.8 千米。近年来，蓟州区交通局先后对东西两段路进行改建，并对两侧安全防护工程进行特色化改造，建成了具有当地特色的石砌防护工程，展示出石头村的特色。2019 年西井峪路被评为最美乡村路，这条乡村路，蜿蜒于山间，为西井峪村迎来送往。这种现代化的改变，并没有打破山村的宁静。为避免外部交通对村庄内部交通的影响，核心区的周边铺设柏油马路，专供车辆使用，在进入村庄核心区的东西两出入口处设置了停车场，游客的汽车停在此处，减少了机动车对传统村落环境的不利影响。西停车场见图 4-12。

图 4-10 南上坎街（牛瑞甲摄，2018）

图 4-11 西井峪村路（牛瑞甲摄，2018）

图 4-12 西停车场（天津市城市规划设计研究院愿景公司，2016）

4.2.3 跃进广场

跃进广场处在村庄最中心。这个位置曾建有村中的小学，晚上村民们经常坐在广场看电影、开大会。1999 年学校被拆除了，孩子们到城关镇上学。2005 年村中发展乡村旅游，于是在此地修建了跃进广场。

村庄围绕跃进广场并沿山体走势布局，“形成了‘远看像城堡，近看似迷宫’的空间体验。”[1] 圆形广场的地面由石头铺就，广场上有一口老井，还生长着两株树龄有 300 多年的老核桃树，见证着西井峪岁岁年年父老乡亲的生活。

村落进行整体规划时，跃进广场以西井峪农耕文化传统为主题进行设计，为了纪念抗日战争时为保护村庄而牺牲的军人，广场中加入了红色文化元素。广场由暖色调石材围合，以石材铺地、石材围墙，增加空间环境的归属感，用谷仓、壁画、灯笼等民俗元素和绘有领袖形象的影壁表现西井峪村质朴的乡村特色和红色基因。广场原貌见图 4-13，现状见图 4-14。

图 4-13 跃进广场原貌（九略旅游管理有限公司，2015）

图 4-14 跃进广场现状（牛瑞甲摄，2018）

跃进广场作为村庄的公共活动中心为村民的公共活动提供场所。围合的下沉空间能抵挡冬季的寒风，村民们在寒冷的冬季也能在广场上活动。没有活动的时候，广场也可以作为村庄的公共停车场（图 4-15）。在广场的东北角，有“拾磨”乡村阅读中心，这里有咖啡简餐，还售卖乡村文创产品及传统手工艺品，也常举办手工艺品展览，展示花艺、猫鞋、木马、手鞠球等。村民经常在广场上组织小型集市，向游客售卖家中采摘的柿子、酸枣、山楂和各种蔬菜。逢年过节，村里人聚集在广场活动，留下欢声笑语。西井峪村通过文化创意带动了地区经济增长，从而推动传统村落的保护与可持续发展。广场上的石头座凳见图 4-16。

---

1. 柏雅雯，李世芬，于璨宁．西井峪村石聚落形态及其旅游开发策略研究 [J]. 建筑与文化，2017(3):13-23.

图 4-15 跃进广场上的临时停车（牛瑞甲摄，2019）

图 4-16 跃进广场上的石头座凳（公众号“蓟州文旅”，2018）

4.2.4 西崖晚眺

“西崖晚眺”景点位于村子的最西部，进村后沿主干道可到达这里。它具有视野非常开阔的观景平台（图 4-17），在此可观赏到西井峪周边的群山、蜿蜒的车行道和远处的其他村落。这里也是很多游客喜欢观景拍照的场所，是村庄最热门的摄影场地之一。由于这里的游客络绎不绝，许多村民会在这里摆摊，售卖村内独具特色的农副产品（图 4-18）。

图 4-17 西崖晚眺观景平台（牛瑞甲摄，2019）

图 4-18 观景平台上的摊贩（牛瑞甲摄，2019）

4.3 西井峪的宅前屋后

4.3.1 石头村的迭代更新

明朝末年，西井峪人的祖先选择在西井峪这个四方汇水的地方安营扎寨，生产生活就地取材。生活在这里的人们依赖、崇敬着这片土地，用石头砌筑院墙，各家各户随处可见由木头做的凳、荆条编的筐、葫芦做的瓢、丝瓜瓤做的洗碗工具，还有石臼、磨盘、水缸，吃的也是自家种的粮和养的禽畜。

改革开放为这里带来更多的发展机遇。柏油马路通向村里，沿路又多了许多户人家，村民的生活更加便捷，老房子里也有了空调和暖气，村民不再烟熏火燎地做饭和取暖；曾经让人深一脚、浅一脚的乡间小路变得平整；乡村的夜晚更加亮堂。“石头房子石头巷，小扣柴扉，又见炊烟升起”是今天西井峪的生活场景。

1. 村庄整体环境演进

西井峪村经历了两种发展模式。村庄在发展前期，为满足人口和经济发展需求，采用的是聚落外围扩张的聚落空间优化模式；村庄在发展的中后期采用了“挖掘村庄聚落内部用地潜力来提升和发挥土地利用优势的一种村庄聚落空间优化模式。”[1]

抗日战争时期日军实行“三光政策”，西井峪村的大部分房屋被推倒。中华人民共和国成立后，村民们回村建屋，采用传统干砌石建筑样式，房屋集中分布在西磨道—前当街—东磨道范围内，院落呈组团状分布。20 世纪 60 年代以后，村内居民增多，增建了部分房屋，村子向西北角和南部扩展。改革开放后，村庄人口更多，用地需求激增，村庄正式进入扩建时期。村庄以西磨道—前当街—东磨道为核心向东、南、西、北 4 个方向扩展，西南区域的新建院落最多，以后辈居住为主。在城镇化的影响下，村内道路不断完善，扩建模式不断深化，新建院落居住环境较现代化，各项设施较齐全。2008 年后，在“乡村热”的影响下，许多传统房屋被推倒，人们新建了一些二层楼房。

2010 年后，在历史文化名村的保护性规划下，西井峪村结束了扩建，开始进入聚落改建优化阶段。村内的建设团队针对局部院落进行改建，挖掘村庄文化，提升空间品质。2015 年后，在九略团队的带领下，村庄开始系统地实施保护性开发，并逐渐形成了今天的格局。村庄整体环境演进过程见图 4-19。

1. 王静，徐峰．村庄聚落空间形态发展模式研究 [J]. 北京农学院学报 ,2012,27(2):57-62.

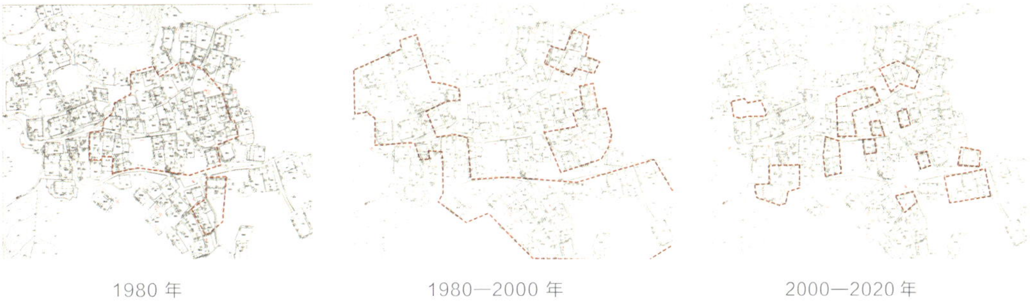

图 4-19 西井峪村整体环境演进过程（组图）（牛瑞甲绘，2020）

2. 院落形态演变

西井峪村各院落的建筑物、构筑物与围合空间的组合类型可划分为 5 种基本形态。第一种是一字形院落，院子分为前后院，正房在北，一般为三间或“四破五”式，院落西南角通常设置旱厕、猪圈，东南角则放置农具，各房之间以石板路相连，庭院空处多栽种果蔬花卉，有的后院设置柴房。第二种是 L 形院落，一般由正房和西厢房围合而成，厢房有两到三间不等。第三种是三合院落，由正房和东西厢房围合而成。第四种为二进式单侧厢房院落（又称二进院），其二门朝南，与北房中轴线对齐，大门二门不相对。第五种是四合院，由正房、两侧厢房和倒座围合，详见图 4-20。

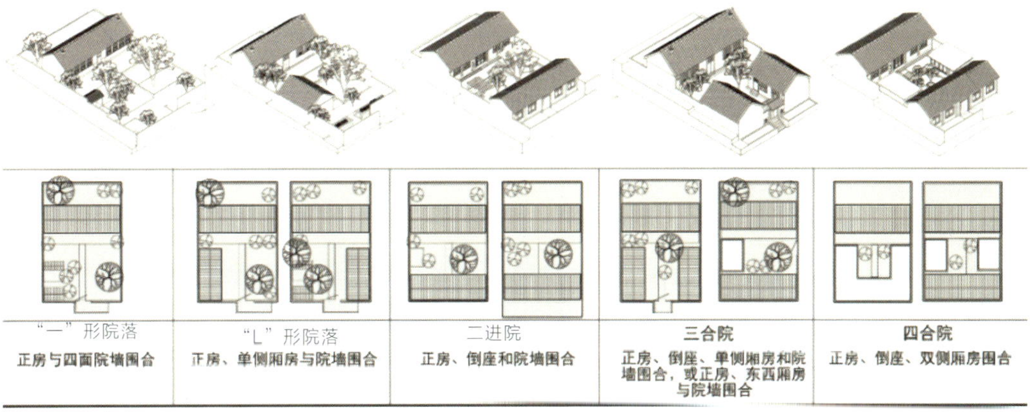

图 4-20 院落布局及建筑形态

农村的院落空间组合与区位、经济、文化、政策有关[1]。20 世纪 80 年代之前，村内传统院落的形态较为统一、简单，多为偏南北向、较规整的“一”字院或呈“L”形的一进院落。院落容积率约为 4。庭院以生产功能为主，除主屋和部分院落厢房外，无其他构筑物。这些院落传统建筑面积为 50~70 m^2，厢房均位于院落西侧，面积为 20~30 m^2，院落面积大小不等，为 300~500 m^2。

1. 徐辉 . 巴蜀传统民居院落空间的发展演变初探 [J]. 建筑技艺 ,2014(3):104-106.

1986 年，联产承包责任制解放的生产力饱和，人口增加，原有土地资源不足。在自主经营的经济制度影响下，传统院落经过分家、买卖、抵押、租赁等方式重新分割，新建院落形状不追求规整，“L”形院落、三合院、二进院增加，除厢房外的附属构筑物，如驴棚、猪圈、厕所等被纳入庭院。院落面积及建筑面积差异明显，容积率为 2~6 不等。

2000—2010 年，西井峪村开始经营旅游业，步入规模发展的阶段。农户学习旅游乡村的经验，重建自己的院子，拆除原有的牲畜棚，弱化院落种植、晾晒等生产功能，扩建主屋及厢房面积，增加休闲功能。富裕的农户新建现代化的无厢房二层洋房，院落和住房更显城镇化，院落形态趋近规整。但发展后期，由于经营问题，乡村旅游逐渐没落，部分村民进城务工，大量土地被转让、租赁甚至荒废。

2010 年，在保护性开发政策的指导下，村民不再盖二层的洋房，院落形态基本保持稳定。在政府支持与乡村建设团队的引导下，传统院落逐步恢复石头房屋的原貌及功能，并提升室内居住环境，将厕所移入室内，以多样的植物及景观小品提升院落景观品质。

生产力和生产关系是影响村落演进的主导因素。从时间上，院落形态的演变主要与经济发展、政策制定与社会偏好、村庄总人口变化相关。在生产关系不断重构的过程中，新的生产力促进了传统资源的再生和利用。新的院落功能不断满足人们对美好生活的向往，生产力的发展优化了乡村院落的布局。不同时期的院落和村庄环境见图 4-21 和图 4-22。

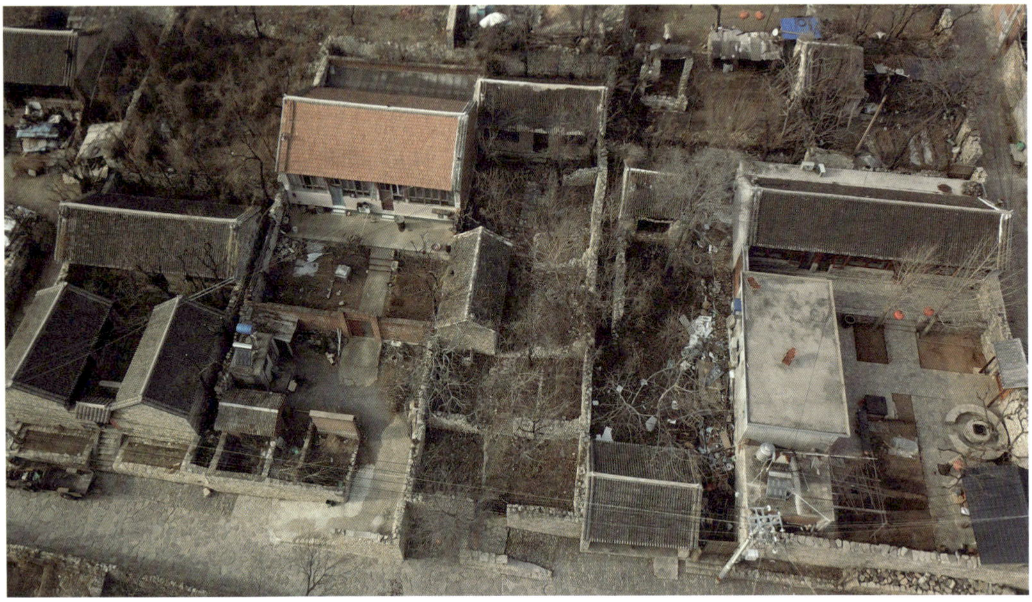

图 4-21 不同时期的院落（唐柯炎摄，2019）

图 4-22 村庄整体环境（唐柯炎摄，2019）

4.3.2 石院

“传统建筑尤其是传统民居经历了漫长的历史发展、传承和演变，在院落布局、空间尺度、立面比例、屋顶坡度、结构构件、构造方法、围护材料、装饰细节、色彩与纹理等方面均呈现出各异的特征，逐渐形成了具有强烈地域性差异的特色风貌。”[1] 不同地域的民居呈现出不同的地域规律，对乡村建设内在规律的定性与定量的探究或许会对乡村建造产生辅助和启发作用。

1. 住宅选址

在这个小小的山村里，土地成为稀缺资源，为了不浪费自己名下的土地，村民们展现出各具特色的山村智慧。西井峪村的院落具备北方合院式民居的特点，这里的合院式民居指的是“由房屋与墙四面围合，中间形成院落或者天井的民居形式。”[2]

西井峪村的多数传统建筑有 70 多年历史，“负阴抱阳”除了体现在村庄整体的山水格局中，也体现在院落选址中。所谓“负阴抱阳”是指山体是大地的骨架，也是人们生活资源的天然库府，水域是生机之源，在这样的地方，万物都能安定祥瑞。西井峪村没有优越的水源，但背靠大山。房屋因势而建，各块地基大小不一，形状也不规则，村民建造院落并不追求对称和形态严整、规则。

1. 张弘，董元铮 . 传统民居地域性风貌特征的参数化解读与评价方法 [J]. 小城镇建设 ,2011(9):96-99,104.
2. 陆元鼎 . 中国民居建筑 [M]. 广州 : 华南理工大学出版社 ,2003:11.

除自然地域因素的影响外，同一发展时期，各个院落间的形态差异也与各户的人口情况、经济状况及受教育程度等因素相关。从家庭结构看，家庭成员越多，房屋内部结构越复杂。受到传统“娶妻嫁女”思想的影响，后代为男性的家庭，院落空间布局分区细致。从户主个人角度来看，青壮年的户主及受教育程度相对高的户主，二、三产业收入占比越高，经济状况越好，对建筑功能要求越高，庭院功能倾向于休闲功能，审美偏好明显。以农业为经济主导的家庭庭院面积大，对生产功能要求高。

2. 院落内形制

这个曾经闭塞的山村，唯一建房的资源就是大山的石头。石头房子能够挡风遮雨，但在尺度、舒适性、安全性等方面存在缺陷，在卫生环境方面也存在问题。不过，“传统住宅仍保持着因地制宜的建造原则，说明原始的建造技艺仍具有借鉴价值。”[1]

村内的传统民居一般以一层居多，建筑形制、体量和建筑风貌差别不大。院落一般分为前院与后院，前院位于南侧，面积较大，由门楼（或稍门）、东西厢房与正房围合，功能有种植、晾晒、储物等。后院位于房屋北侧，面积较小，院墙与主屋距离 2~3 米，由院墙与主屋或主屋与地形围合而成。由于村庄院落呈梯田状分布，后院的院墙作为山地的挡土墙可防止掉落的山石对房屋造成破坏，还可导出雨水，避免石头房屋受潮，同时能降低噪声对临街主屋的影响。

传统院落见图 4-23。合院式居住空间中，各幢建筑彼此分离，坚固的石墙围合庭院。北方冬季严寒，村中又缺乏人工采暖设施。这样的院落结构既能保证各房屋的充足日照，又可阻挡冬季

图 4-23 传统院落（郝卫国摄，2018）

1. 卢世主，裴攀，张佳琪，等．城镇化背景下传统村落空间发展研究 [M]. 北京：中国文联出版社，2016:04.

的寒风。传统的一字形院落及“L”形院落结构可保证各屋的日照时长。

传统的建造观念讲究正房要高于厢房，这是为了不让“奴仆欺主”。所谓的“以东为大”，讲的是如果有东西屋的话，屋子的大小一定是东屋大，西屋小。厕所要建在院子的东北角或西南角，这是为了不让东南—西北向季风将臭气吹进屋子。为了方便生活，村民巧做取舍，在院中安排了猪舍、禽舍、驴棚、羊圈、水窖、厕所等附属建筑。它们形态多变、大小不一，每处都体现了主人的生活智慧和情趣。院落外墙较厚，一般低于屋脊。村民从山上捡来大小不一的石头，自己动手一块一块地将它们砌成厚厚的石墙，在石墙的缝隙处塞一些报纸、烟盒，处处体现着小小山村中时间的痕迹。

围墙、宅门和窗户是院落与院外最直观的联系介质。院落大门联系院内、院外，开放与封闭的空间以及大门的形制、位置在院落形态中尤为重要。在传统院落中，一般一院一门，老话讲“留着东南门，万事不求人”。大门以居于东南为贵，部分院落受到地形和道路的影响，开门方向一般朝向道路及地势低处。传统宅门形制朴实，以树枝扎成栅栏门，俗称“稍门”，院落内外界限相对模糊。一般主屋大门不对宅门。窗户的形制也极为讲究，门窗洞口采用石质或者木质过梁，山墙面和背立面不开窗，窗架有木雕花。院落元素见图 4-24~ 图 4-26。

20 世纪 80 年代后，新建院落的大门和影壁逐渐成为户主经济实力的象征，大门更加高大，院落内外也有了更清晰的界限。新建的三合院、四合院等都将大门立于中轴线，忌直来直去，中立影壁。旧时人们认为影壁能阻挡灾祸，还能遮挡外人的视线，影壁使“可以直接入内的大门多了一层波折”[1]，不仅丰富了院落空间景致，影壁的选材、装饰等也体现了院落主人的个人

图 4-24 院落入口及大门制式（唐柯炎，牛瑞甲摄，2019）

图 4-25 宅门样式（牛瑞甲摄，2018）

图 4-26 窗户结构（牛瑞甲摄，2018）

1. 王振宏，陈芊宇 . 影壁在民居中的意义 [J]. 山西建筑 ,2007(11):42-44.

情趣与经济实力。大门和影壁的装饰有飞禽走兽、花鸟鱼虫，也有带有美好含义的文字，这些都是传统文化的传承，寄托了户主的生活向往。院落形态要素演变见表 4-1。

表 4-2 院落形态要素演变

序号	时间	院落元素	特征	变化趋势
1	20 世纪 60 年代	围墙	围合整个庭院，干砌石材质	
		影壁	基本无影壁	
		大门	以树枝扎成栅栏门，俗称“稍门”，位于院落东南向	
		窗户	主屋南部开大窗，西厢房东部开窗，木框纸面	
2	20 世纪 80 年代	围墙	围合整个庭院，干砌石材质	变化较小
		影壁	院落门内石砌影壁，单独文字纹样，位于影壁中心，寓意喜庆吉祥	一些院落增加影壁
		大门	“稍门”居多，位于院落东南向	变化较小
		门窗	主屋南部开大窗，西厢房东部开窗	窗户换为木制玻璃面
3	21 世纪 00 年代	围墙	院墙高度不等，砖砌为主	围墙制式改变，无统一规范
		影壁	位于院落门外或门内，中心对称图案、重复纹饰、文字皆有	纹样、位置多样化，除建筑功能外还寄托房屋主人的志趣
		大门	大门高大，设计多样，为喷红漆铁门或木门	成为主人经济实力的象征，除建筑功能外还寄托房屋主人的志趣
		门窗	主屋南部开大窗，厢房东部和院内开窗	开窗方式更多，开窗面积不等
4	21 世纪 10 年代	围墙	围合整个庭院，干砌石材质	材质高度统一
		影壁	门内设影壁，中心对称图案、重复纹饰、文字皆有	位置固定于大门内，图案纹样丰富
		大门	以乡土材质为主，位于庭院中轴线	回归乡土材质和形式，村民自建房屋大门多位于院落中轴线
		门窗	主屋南部开大窗，厢房东部和院内开窗，部分建筑开天窗	开窗方式不仅满足通风照明功能，更注重用光线营造空间氛围

3. “两颗银杏树” 农舍

西井峪村新建的民宿或农家院一般分前后两进院子，前院由门楼（或稍门）、厢房与正房围合，院子里种着蔬菜、果树、花草，晾晒玉米、柿子、山楂等乡间果实。“两棵银杏树” 农舍被网友们捧为 “网红”，到了秋天，叶落满院成为村里的一景，不少游客就是冲着银杏树金灿灿的落叶而来的。这座院子属于村里砌石手艺最好的老匠人周志华。从房间到院落、从围墙到陈设全部就地取材于云岩片。屋主对老屋进行重新砌筑装修，整体保留了田园风格。周志华的儿子周云龙是农舍的经营者，他运用互联网，创立了公众号，将 “两颗银杏树” 带进 “抖音” 平台，刷进了住客的 “朋友圈”，使它成为西井峪最出名的民宿之一（图 4-27）。

图 4-27 “两棵银杏树” 农舍（牛瑞甲摄，2019）

4. “拾磨”

2015 年，九略旅游管理有限公司租用了村中位于跃进广场东侧的院落。该院落为 “L” 形的合院，主屋五开间，坐北朝南，由于地理位置特殊，被改建为乡村阅读中心，提供餐饮、阅读服务，命名为 “拾磨”。九略乡建团队邀请王振飞作为主要设计师，参与设计村中 4 个主要项目，其中就包括 “拾磨” 咖啡书店及乡村阅读中心。王振飞在设计中选用石头、水泥、砖、黏土、小卵石、碎石、木材、小青瓦、钢材、竹材等材料，借助材料表达使现代景观与传统景观在色调和质感上和谐统一。

“拾磨” 咖啡庭院的设计思路来源于泰森多边形（图 4-28，图 4-29），它将空间中的若干个点作为基点，先生成杜德尼三角形，然后做三角形每个边的垂直平分线，得到若干由凸多边形组成的格网，每个格网都会成为一个中心。为了保留庭院树木，将院子里的树作为中心点生成格网，根据泰森多边形规则做排水系统，院子里的大树和小树都被保留了下来。树不仅仅有生态价值，同时也是院落的历史记忆。由于屋面排水的落水管位置是固定的，采用泰森多边形做的屋面分割和找坡使雨水排出最快，因为雨水都流向了距离最近的落水管。因为北方乡村缺水，这样的雨水收集系统可以收集最多的雨水[1]。因为所有的建筑主体都采用石头材质，布线成了一大难题。使线管裸露在外面、让它成为建筑的一部分是设计师的巧思。这样造价经济，维修又方便，建筑师想

1. 王振飞 | 如何利用新兴工艺和传统手艺做乡村营造[EB/OL].[2017-12-28] https://www.sohu.com/a/213398248_725681.

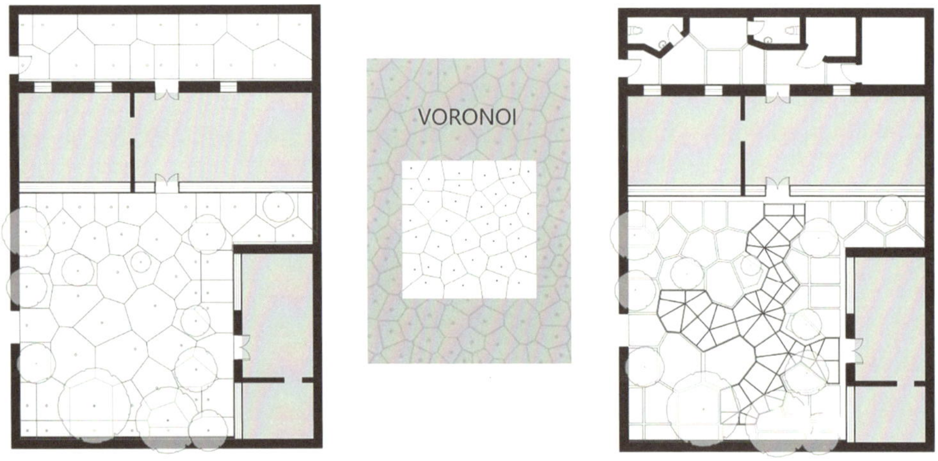

图 4-28 拾磨平面设计图（院落中画圈的是原有的树）（王振飞，2015）

图 4-29 拾磨院落（牛瑞甲摄，2019）

通过这样的方式教会村民如何利用乡村本来的方式去改造房屋。屋里还有传统的炕，为了能够保留传统的火炕，设计师采用传统工艺搭建火炕，在炕上铺设一层取暖管。在一系列智慧乡村的营造中，设计师逐渐将村庄的道路从原来只有保护、没有发展的误区中引导出来，乡村改造不一定是恢复乡村，而是用现有的技术、便宜的方式把现代的生活方式带进乡村。拾磨的室内和大门见图 4-30 和图 4-31。

图 4-30 拾磨室内（九略旅游管理有限公司，2016）

图 4-31 拾磨大门（微博“怒而飞上者九万里”，2017）

5. 种满果树的小院

周建海的老房子位于饽饽山的山麓。这个种满果树的小院曾作为 19 部影视作品的拍摄地，是主人最自豪的人生作品。20 世纪 60 年代，周建海自己从山上一趟趟把石头搬运回来，找村里的匠人盖起了这座房屋。热爱这座石头山的周建海在几十年间，一直收集喜爱的石头，并将它们砌在院墙中，连影壁上的字都是主人用石头一块块砌出来的，每一块石头都体现了他对房子的热爱。除了热爱石头，周建海还在自家的院子里种植各样的果蔬，院里一棵树龄几十年的苹果树也成了村中的“网红”树（图 4-32）。

图 4-32 周建海院落（郝卫国摄，2019）

4.3.3 石屋

村里完整保留下来 28 座石头房子，最早的建于清代。几百年来，历经战火、地震，部分石头房子幸存下来且保存良好。西井峪村的传统建筑以干砌石配合深灰色砖瓦构成，这样的形式奠定了乡村建筑风貌的主格调。其建筑风貌的另一个特点是多种建筑风格的迭代共生，硬山传统风貌建筑、硬山红砖建筑、平顶建筑三者并行。

1. 建屋传统

西井峪村从建村开始，就使用石头干砌建屋。村里原来也没有别的建筑材料，村民一般开一层房基，少则半米多则两米就能取到石材。村民们就地取材，下挖取石，留下的坑日后则用做蓄水池。村民砍掉自家院里的榆树或者槐树，或从镇上采买回来木料，搭上屋架（图 4-33），大梁也就是

图 4-33 屋架大梁（公众号“遇见西井峪”，2016）

架在屋架上面最高的那根横木，是要最后放上去的。但在放上去之前，要先在大梁上面刻上几个字。村里传说封神的姜太公有一把打神鞭，四方鬼神都怕他。大梁架上去以后，要在上面挂红绳，这是为了让姜太公长期住下去，有他在此，可永保主家平安。上梁结束之后，主家还礼请工人吃馃子，共沾喜气。

上梁结束后砌墙。砌墙时先垒大石头，再用小的、薄的石头填在缝隙中，墙面建好后，再封屋顶，用高粱秸秆做成吊顶，抹上白灰。为了防止风从石头墙面的缝隙吹进屋里，村民会特别调制沙灰（用沙子和白灰按一定比例混合搅拌）抹在外立面。原来村中四五十人都会干砌石的技艺，家家户户的房子都是村民自己盖起来的，每一块石头都寄托着村民对大山的热爱和对家乡的情愫，相关结构见图 4-34 和图 4-35。

村里盖新房，或在院子里翻盖新房，最忌讳门或窗对着邻居的门或窗。有一个说法叫“窗户对着门，不打官司就死人”。因为，窗口和门口都是房子的嘴巴，是进财口，村人们希望财进来后可以在这里存几辈子，留给子孙后代慢慢吃、慢慢消耗。所以在给房子布局的时候，会让气流进来，但是不能让气流出去，也就是要留住财[1]。

图 4-34 建筑结构（组图）（牛瑞甲摄，2019）

1. 遇见西井峪. 在西井峪忙碌凌乱的工地中，竟隐藏着规律和秩序 [EB/OL].[2017-06-28]. https://www.sohu.com/a/152794423_696607.

图 4-35 石磨坊屋顶结构（牛瑞甲摄，2018）

2. 建筑形制

西井峪村的民居建筑少有雕梁画栋的檐体装饰。传统住宅多采取合院式的建筑平面布局，房屋结构为木结构，主体建筑由 10 根立柱支撑。大部分主屋形制为一进三开间（约 50 m^2）或一进五开间（75~90 m^2），厢房两至三开间不等。传统民居采用左右对称形制。后期新建房屋不遵循对称原则，在尺度与体量上比传统建筑大。

村内建筑以石材干砌居多，宅门和篱笆多使用树枝等本地材料，充分展示院落的质朴和地域性。传统民居建筑为一层坡屋顶木结构，特征要素提炼为青瓦坡屋顶、石头墙、木窗框。基座部分所占比例较小，形式简单，屋脊和檐口没有过多装饰。屋身由黑棕色和浅黄褐色的页岩石砌筑，门窗洞口采用石质或者木质过梁，山墙面和背立面不开窗。传统房屋门窗制式与当时的生产生活方式有关，从前人们“日出而作，日落而息”，在房屋里时间不多，对房屋的采光要求不高。现在人们对房屋采光的要求增加，房屋出现了多个方向开窗的建筑制式。

西井峪村部分传统建筑（图 4-36）具有富有特色的木雕、砖雕、灰塑、石雕，展现了清末建

图 4-36 皮影坊大门（牛瑞甲摄，2018）

筑匠人高超的技术水平。西井峪村较具规模的宅院的建筑正面一般由水磨青石砌成，表面光润，建筑物屋檐下的封檐板、花窗则是精美的木雕作品，雕刻细腻传神。坚实而耐风化的石材在建筑中经常被使用，那些用石雕成的井圈、抱鼓石、石狮、门框、墊台等建筑构件，刀法浑朴自然、线条流畅、形态生动[1]。

随着人们生活水平提高，村里有些人家建起了新房，二层的小楼更加整洁明亮，多为红瓦坡屋顶或平屋顶，采用砖墙、木窗或铝合金窗框。但村庄进行保护性开发后，为了整体建筑环境的和谐统一，村民对建筑的修缮尽量保留原有的地域性特征，恢复青瓦、石墙、坡屋顶的建筑形态，维护整体景观的节奏和氛围。

在建筑形态的保护性设计中，建设者应尊重村民的意愿，“现代化加乡土味”地去营造新乡村环境，运用现代的技术手段和材料满足当今村民的物质需求，同时让他们在精神上也回归地域性的乡土文化。

3. 室内环境

西井峪村传统民居室内集合了交往、睡眠、饮食、储藏等多种生活功能（图 4-37，图 4-38）。20 世纪 80 年代前，传统民居一般为三开间的对称布局，不同于大部分的北方民居，这里的房屋中的东西次间较明间面积更大，交往空间也集中于次间，明间只为穿堂兼灶间，且采光较弱，做饭的区域靠近大门，村民用砖石垒出 0.8 米见方的灶台，将锅嵌入灶台内。东西次间为起居室，具有卧室、会客、娱乐等功能，面积普遍较大，为 10~20 m^2。东次间采光较好，长辈居住于此，屋内靠窗有充足日照的区域设置有贯通房间的火炕，明间的锅台与次间的炕连接，烧水的同时也能将热量传递给炕。屋内的立柜也没有特别的制式，衣柜、橱柜、桌凳基本是木制的。躺柜和桌子上摆放了各样的生活用品，墙壁上也会有各个时期家人的照片或者历年的海报作为装饰。西次间为子孙辈使用，房屋结构基本与东次间相似。

图 4-37 农户主屋东房（牛瑞甲摄，2018）

图 4-38 农户室内（九略旅游管理有限公司，2015）

1. 赵海军 . 蓟县文物志 [M]. 天津 : 天津人民出版社 ,2014.

4. 建筑材料

西井峪村的村民始终对石头情有独钟，用石头筑路、造田、造屋，人们爱石、玩石、赏石，与石头结缘，在村落的保护性开发中，建筑外立面、院落景观元素材料也多使用相似特征石材或原有房屋拆除后的剩余材料，充分体现了材料的质朴肌理和地域特色。道路、房屋、院墙、农具都是石元素的重要载体。“石头自身具有很高的抗压强度和耐久性，还有较好的耐火性、化学稳定性、大气稳定性和耐磨性，而且吸水率低，所以由石头砌筑的建筑坚硬厚实，结实耐用。”[1] 村里人砌石头墙从来不用砂浆水泥勾缝儿，干垒的墙体非常坚固。

5. 老房子的故事

1）重修皮影坊

地标建筑具有很强的文化认同性。地域标志符号物化的方式能够为西井峪村的文化传承找到适合的载体。村中着重修缮了临街的“皮影坊”“草编坊”“漏粉坊”“老磨坊”等 10 个传统作坊。这些老作坊历史悠久，与村民的生产生活息息相关，也是传统手工艺沿袭至今的物质载体，承载了村民们的归属感与文化认同感。

过去逢年过节，村中的皮影师傅总要唱上几天。村里形成了“农忙时，采山石；农闲时，皮影戏”的生活状态。村里至今保留着传统曲艺皮影戏班，逢年过节就有演出，村里的男女老幼聚在一起看皮影戏。但老的皮影师傅没有新的传承人，破损的老房子连同皮影戏很快就要消失。重新修复的老作坊再次让这些村庄文化得以呈现并被传承。

皮影坊位于西井峪村前当街，是西井峪村的“门面房”之一。周继正一家曾在此居住，院子处处充满了艺苑气息。皮影坊的门楼至少有百年以上的历史。尤其特别的是，大门两侧墙上呈“品”字形镶嵌的石头，在别的地方很难见到。

2008 年，乡建团队提出“五景十坊”设计方案后，着手开始修复皮影坊，工程于 2015 年竣工。其修缮使用了传统的干砌工艺与质料，保留了传统的门楼，再饰以匾额、楹联，它们经做旧处理后，与门楼浑然一体。室内主屋为三开间，陈列着明清式民间家具，人们在此表演皮影戏。主人也作 20 世纪三四十年代民间艺人打扮，意图与历史景境达到融合。

皮影坊的修复给西井峪老房子的修复打开了良好的局面，给其余手工艺作坊的修缮提供了范式。随着乡村人口的增加，村民们纷纷开始圈地建房。2005 年乡村旅游大热，大家更是鼓足干劲地盖起新房。为了能让西井峪村的传统风貌保留下来，几任村干部挨家挨户地说服村民，不要拆掉老房子，老百姓一开始并不能理解。老房子虽然保护下来了，大家日子过得依然不好，农村工作进展陷入困难。老旧的基础设施也给村民生活带来诸多不便，只有保护没有发展的道路始终是行不通的。西井峪村的传统民居要素提炼见表 4-4。

---

1. 肖琳琳，王军，康渊．"山地石头村"民居地域适应性营建智慧分析——以天津市蓟县西井峪村为例 [M]// 中国城市规划学会．第三届全国村镇规划理论与实践研讨会暨第二届田园建筑研讨会论文集，北京：中国建筑工业出版社，2016:369-374.

表 4-4 西井峪村传统民居要素提炼

	20 世纪 60 年代以前	1960—1980 年	1980—2010 年	2010 年后
建筑形态				
	石头砌筑，木构架承重，墙体较厚，坡屋顶覆青瓦	砖石混合结构，下部分为石头砌筑，上部分为红砖搭建，屋顶多为青砖坡屋顶	红砖搭建，砖石贴面，一部分外立面刷漆。坡屋顶覆红瓦或平屋顶	尽量保留、恢复地域性特征文化和石砌工艺
屋顶形态				
材料肌理	 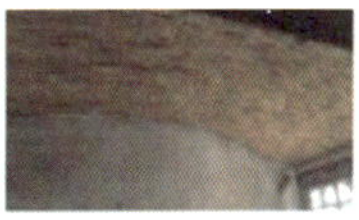  	   	 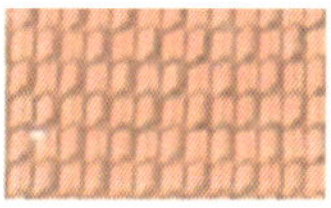  	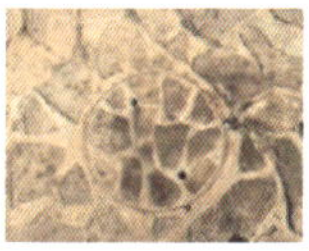   
装饰色彩（屋顶、立面、门窗）				

随着皮影坊等一批房屋的修缮完成，村民看到了房屋修缮的范式，这样房子既可以保持原貌，又可以焕然一新。皮影坊平面见图 4-39，与村庄肌理逐渐融合修缮后的皮影坊见图 4-40 ~ 图 4-42。

2）村中最老的房子

村中最老的房子位于前当街磨坊旁周常存的院子里，现在这座院子已经没人居住了。院子里的石板路、老房子非常破旧，无人打理的植物却长得茂盛。这座院子里的厢房长 7 m 左右，宽 5 m，为土木框架，展现着西井峪村最老的房屋形制。院子虽然面对着前当街，但院子比街面要高不少，人们路过这里也只能隐隐约约地看到老厢房的一角。这座院子仿佛已经被渐渐遗忘，让人不禁唏嘘（图 4-43 ~ 图 4-45）。

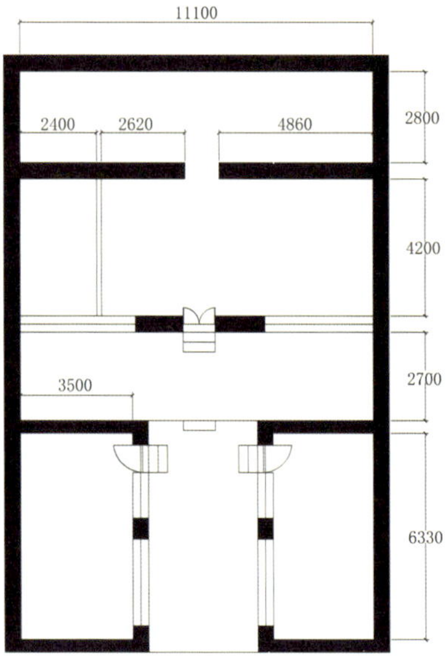

图 4-39 皮影坊平面图（西井峪村委会，2019）

图 4-40 皮影坊大门（郝卫国摄，2018）

6.AAA 级旅游公共卫生间

位于村西停车场旁的旅游公共卫生间是九略公司和王振飞设计团队的作品之一。旅游开发的

图 4-41 皮影坊影壁（牛瑞甲摄，2019）

图 4-42 皮影坊室内（组图）（牛瑞甲摄，2019）

规模越来越大，村里需要做一个旅游公共卫生间，但只有 30 万元的资金支持。设计师根据西井峪村的传统建筑文化，结合厕所的必需功能，同样采用泰森多边形的设计，以女卫生间、男卫生间、庭院这几个点为基点，将卫生间设计为景观平台见图 4-46~图 4-48。

图 4-43 周常存的主屋（牛瑞甲摄，2019）

图 4-44 最老的厢房（牛瑞甲摄，2019）

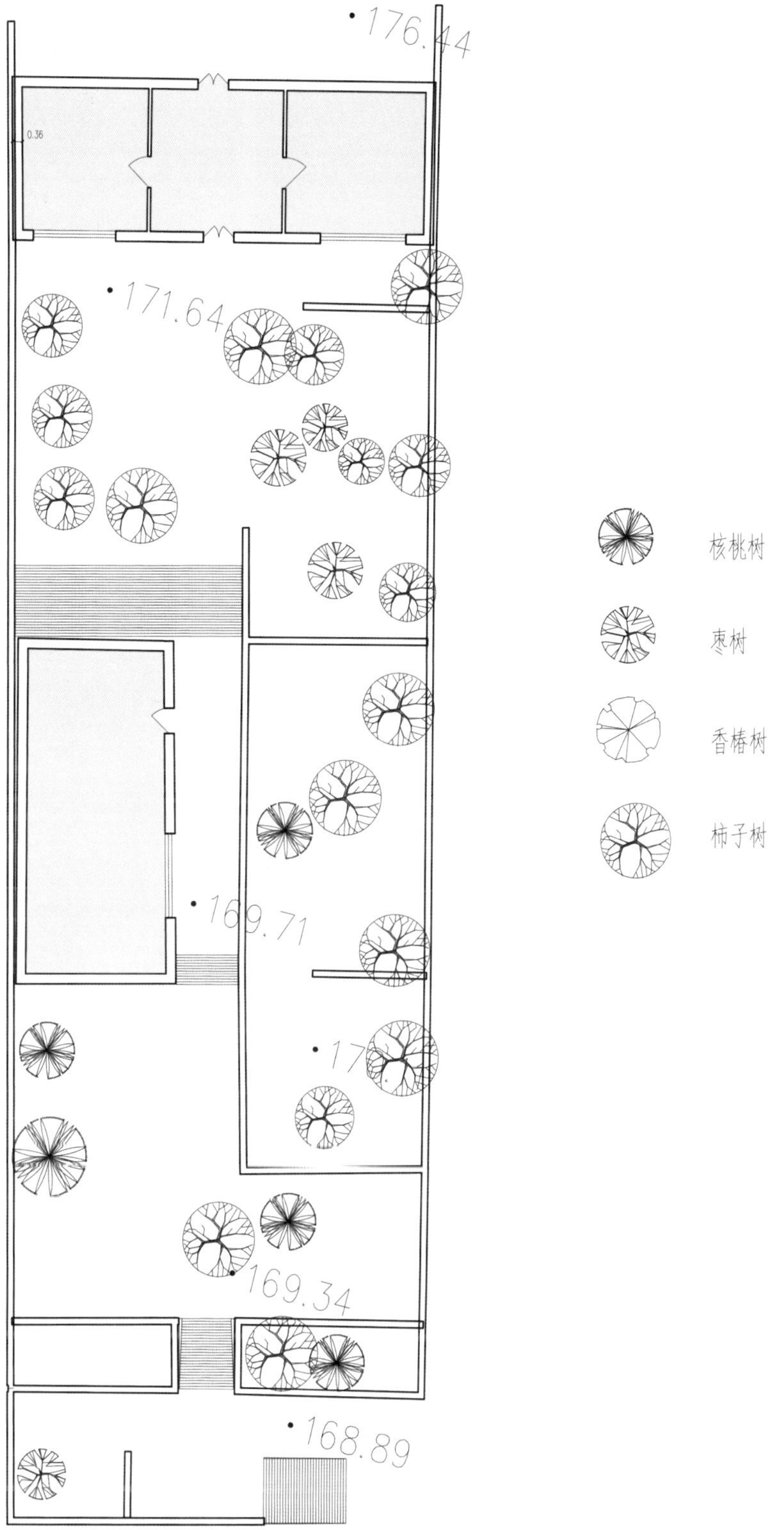

图 4-45 周常存院落平面（牛瑞甲绘，2019）

图 4-46 公共卫生间（牛瑞甲摄，2019）

图 4-47 公共卫生间鸟瞰图（朱光照摄，2017）

图 4-48 公共卫生间设计图（王振飞，2016）

4.3.4 景观小品

传统的农业生产工具、手工制品、小型景观设施是西井峪微缩的景观意象。村庄的景观小品可以提高游人的参与感和归属感，增加民俗文化游览的乐趣。干砌石技艺（石砌院落、石砌建筑、石砌家具）、草编织技艺（草编筐、草编篱笆、草编餐具、草编工艺品）、绣纺技艺（虎头鞋、装饰布料、刺绣）、酿酒技艺（红果酒、山楂酒、小麦酒）等都承载着乡村的记忆。同时，村庄在保护历史文化遗产的基础上，运用新材料和新技术丰富西井峪村庄内部的景观文化，改善村民的生活条件，丰富游人的游玩感受。

1. 装饰小品

西井峪村注意挖掘传统的民风民俗，保持古村的原始风貌。景观小品充分运用了地域性元素，如砌石工艺和传统的农耕文化。造型各异、纹理丰富的石头，颗粒饱满的玉米、橙红的磨盘柿子，用布或纸糊的灯笼、村民家门上张贴的门神彩画等都是重要的景观元素。

一进村，就能看到冯骥才先生题写的“西井峪民俗摄影村”。跃进广场的壁画以农业生产为主题，充满时代感的构图和鲜艳的色彩搭配使广场环境有代入感和归属感。不加打磨的石凳和木质的座椅体现了乡村朴实的特点。石刻的道路标识、用不同形态的石头堆砌的小品、用玉米秆搭建的谷仓、用玉米摆出的“丰”字，都能够唤起人们对乡村生活的历史记忆。村内的景观小品见图 4-49。

图 4-49 景观小品（组图）（牛瑞甲摄，2018）

2. 传统农具

西井峪传统农具包括整地工具，如犁、耠、耙、耢、耖等，播种工具有耧、瓠种器、石磙等，中耕工具有锄、耘锄、划拉子等，收获工具有镰（镰刀）、钐镰（删镰）等。农副产品加工工具有磨、碾等，运输工具有大车、平车、独轮车等。新农具有播种机、收割机、中耕器、除草机、粉碎机、拖拉机等，这些农具增添了乡村旅游的体验乐趣，丰富了乡村景观意象。

1）石碾、石磨

石碾作为古代的一种生产工具被保留至今，主要用于稻粒、高粱的脱壳处理。原来村里磨粮食用毛驴拉碾，这种传统沿袭至今。石碾由碾盘、碾砣、碾棍、碾管芯等构件组成，由村中专门的师傅打磨制作而成[1]。前当街有两处保存完好的古石碾，一处位于跃进广场以北，一处位于石碾坊，碾盘、碾砣等基本构件保存较好。石碾见图 4-50 和图 4-51。

石磨也是一种谷物加工工具，主要用于将米、麦、豆磨成粉或浆。石磨由两块齿纹相反的石制磨扇组成，下扇固定并安有短轴，上扇凿有磨眼，可绕轴旋转。使用时，靠人推或畜拉转动上扇，使徐徐注入磨眼的谷物在两扇中部均匀散开，被磨制成粉，粉由两磨扇夹缝中流入磨盘。

图 4-50 石碾（牛瑞甲摄，2018）

图 4-51 驴拉碾（公众号“遇见西井峪”，2018）

2）食槽

食槽是村民喂牲口时贮饲料的器具。在西井峪村，食槽一般是用石头凿出的或用页岩片砌成的，用来喂猪、驴等动物。近年随着乡村旅游业的发展，村中驴、猪等牲畜减少，原来的食槽就被用来作为景观元素，种植花草或做流水景观，见图 4-52。

图 4-52 由食槽改造的景观装置 1（牛瑞甲摄，2018）

1. 张超 . 京西传统村落外部空间更新改造研究 [D]. 北京：北京建筑大学 ,2018:45.

图 4-53 由食槽改造的景观装置 2（牛瑞甲摄，2018）

3）手工制作工具

箩筐、扁担、簸箕等手工编成的生产生活工具一直是西井峪村民家中的必备品（图 4-54）。箩筐用荆条编制而成，主要用来运送土石，村民们曾用箩筐将山上的石头一筐筐运进自家院中砌筑石墙。扁担长 2~3 m，在 20 世纪 90 年代之前，村内交通不便，家家户户都要用扁担挑物品往返于山上的村庄和山下县城之间。这些工具见证了西井峪村的历史，承载着村民对这片土地的满腔热爱。

图 4-54 箩筐（左图）和簸箕（右图）（牛瑞甲摄，2019）

4）运输工具

村内传统农业运输工具有独轮车、平车等。独轮车为以前农村田间运输的主要工具，初为全木结构，后渐由胶轮代替木轮，轻便耐用。改革开放前，平车也算比较先进的农具。生产队时期，村民用木头做成小平车，推土方，在陡峭的山路上拉高粱、玉米。20 世纪 50 年代后，农业机械化起步，村里出现了柴油拖拉机，“突、突、突”的拖拉机也为西井峪村带来农业致富的希望。拖拉机和独轮车见图 4-55。

图 4-55 拖拉机（左图）和独轮车（右图）（牛瑞甲摄，2018）

3. 景观小品

在跃进广场，脱贫攻坚的标语十分醒目，“下定决心，不怕牺牲，排除万难，去争取胜利”“工业学大庆，农业学大寨，全国学人民解放军”“自己动手，丰衣足食”等标语是西井峪村各个时代的缩影。“手绘墙景让‘墙’说话，成为传播文明的载体，并以图文并茂的形式弘扬社会正能量。”[1] 村内壁画及其他景观小品见图 4-56 ~ 图 4-60。

图 4-56 跃进广场壁画（牛瑞甲摄，2018）

图 4-57 水井 1（丁运通摄，2020）

图 4-58 水井 2（牛瑞甲摄，2019）

1. 舒黎明，赵凤伍，文叶飞．壁画上的乡村文明建设 [J]. 当代贵州，2018(16):64-65.

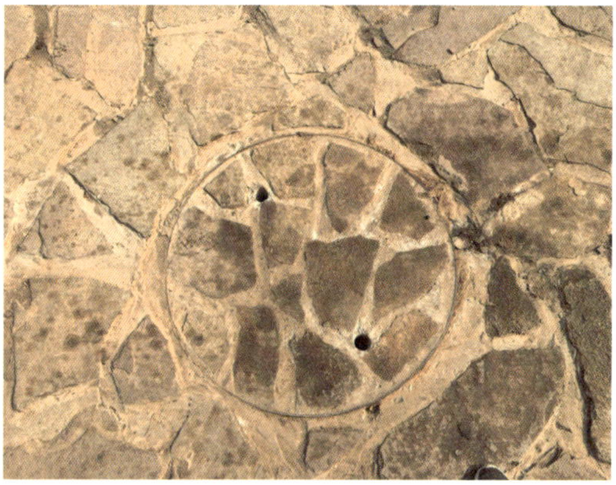

图 4-59 井盖（牛瑞甲摄，2018）

图 4-60 坐凳（牛瑞甲摄，2018）

4.4 西井峪的农事田桑

乡村植物是构成乡村景观的植物元素中具有乡野气息的植物[1]，西井峪村的乡村植物是其旅游开发的一大资源，能够突出乡村自然景观的优势。由于西井峪村距离蓟州城区较近，村落空心化不明显。但村内水源紧张，农田林地灌溉依靠自然降水，农作物主要有玉米、高粱、核桃、板栗、酸梨、柿子、小米等。这些名特优传统品种不仅为消费者提供了丰富的食品，还为开发观光农业项目提供了有利条件。

村庄核心区域主要以生活性和生产性植物景观为主。乔木品种主要有柿子树、核桃树、梨树、山楂树、梧桐树、槐树等，这些本土树种树形优美，与石街石屋相得益彰。村民家中种着南瓜、丝瓜、豆角、牵牛花等藤蔓植物，除了供农家食用，还能够美化院墙。夏秋两季，硕果挂满枝头，从院墙内爬伸出来，烘托了农家丰收的氛围。村庄周边山地主要发展生产性和生态性植物景观，植物类型包括各类农作物，经济作物，针叶、阔叶乔木，各类灌木、地被植物等，种植规模大，种类丰富。

4.4.1 生产性植物景观

1. 梯田

公元前 1 世纪的《氾胜之书》中就已经有了关于梯田的记载[2]。梯田是人类创造的一种十分

1. 徐琴．乡村植物景观设计研究 [D]. 长沙：中南林业科技大学 ,2007:5.
2. 石声汉．试论我国几部大型农书的整理 [J]. 中国农业科学 ,1963(10):44-50.

重要的农业生产资源[1]，其不仅具备农业经济价值，作为一种文化还蕴含着丰富的精神价值[2]。

“石砌梯田”则是先民们积极改造自然、利用自然的可贵尝试。由于西井峪村特殊的地质条件，原生的地质地貌限制了耕作条件，为了能达到平原的耕作条件，西井峪村的村民发挥田野智慧，用山上的石头砌起层层梯田。梯田依山势而建，石壁高度多为 1~2 m，斜坡上、山湾里都是一片片人工平原。所有梯田的田埂均用石头垒砌而成，极有规则，虽历经数百年风雨及人畜踩踏，仍然完好。西井峪村大面积的果园、耕地都在梯田（图 4-61）上，供养着西井峪村一代又一代的居民。

图 4-61 梯田（唐柯炎摄，2018）

2. 休闲农业景观

卢云亭认为休闲农业是“农业景观和农村空间中凡能给游客以奇、异、趣、土、尝、购等吸引力，并拥有观赏、参与、习技、科考、休闲、健身、求知等旅游功能的农业”[3]。也有人认为观光农业可分为观光型、参与型、度假型 3 种。其中，“观光型主要是观赏农村自然田园风光，以现代‘三高’农业园区、传统民居和民俗节庆活动为主题。参与型主要是采摘旅游、购物旅游和务农旅游，尤其是秋季采摘旅游在都市郊区最为盛行，参加人数最多，影响力最大，影响面最广。”[4,5] 根据蓟州区的实际情况，蓟州休闲农业可以分为以下四种类型。

1. 唐时嘉 . 我国南方丘陵和山地的稻作梯田 [J]. 西南农业大学学报 ,1985(4):113-119.
2. 马倩 . 层登横削高为梯，举手扪之足始跻：话说我国的梯田 [J]. 文史杂志 ,2001(2):12-15.
3. 卢云亭 , 刘军萍 . 观光农业 [M]. 北京 : 北京出版社 ,1995.
4. 陈文君 . 现代观光农业旅游——城市郊区旅游开发新景观 [J]. 广州师院学报 .2000(10):134-138.
5. 张兴旺 . 云南旅游果园蓬勃发展 [J]. 中国果业信息，2005,22(2):38.

1）农园采摘型

林果业一直是蓟州乡村地区的支柱产业，近几年来伴随着蓟州乡村旅游的兴起，去农家乐或者农场果园进行蔬果采摘成为一种备受外来游客欢迎的体验方式。西井峪村附近有许多具人气、有特色的采摘基地和赏花圣地。蓟州区开放果园、菜园、瓜园、花圃等，供游客入园观景、赏花、摘果，从中体验自摘、自食、自取的果（花）农生活，享受田园风光。蓟州区观花项目汇总见表 4-5，农业采摘项目见表 4-6。

表 4-5 蓟州区观花项目

地点	最佳花期	赏花品种	地址
下营镇	4 月中旬	梨花	蓟州区下营镇团山子村、梨木台风景区
盘山	3 月下旬至 4 月中旬	山桃花、杏花	蓟州区盘山风景区
鲁家峪	3 月下旬	杏花	蓟州区西龙虎峪镇鲁家峪村
黄崖关长城	3 月下旬至 4 月初	山桃花	蓟州区下营镇黄崖关长城
五盆沟	3 月底到 4 月初	桃花	蓟州区许家台镇芦家峪村
西葛岑	4 月中旬	桃花	蓟州区马伸桥镇西葛岑村

表 4-6 蓟州区农业采摘项目

采摘园名称	采摘时间	特色产品	地址
“两棵银杏树”采摘园	5 月中旬至 6 月底	香白杏、毛桃、樱桃	西井峪村“两棵银杏树”民宿
盘山草莓采摘园	4 月初	草莓、小西红柿	官庄镇野沟村
赫松合作社张近士庄草莓采摘园	5 月初	草莓、毛桃、西红柿、黄瓜	东赵镇张近士庄村
樱桃谷采摘园	5 月初至 6 月中旬	草莓、蔬菜（一年四季）	上仓镇仓桑公路西 20 米路南
虫虫农场	3 月底至 4 月底	蓝莓	马伸桥镇镇政府东行 3 千米邦喜公路南侧
马伸桥蓝莓采摘园	4 月初至 6 月底	蓝莓	马伸桥镇镇政府东行 3 千米邦喜公路南侧
孙家庄杏园	6 月中旬至 6 月底	香白杏	马伸桥镇孙家庄村
安平桃园	6 月初至 10 月初	草莓、毛桃、油桃	出头岭镇大安平村

2）森林旅游型

森林旅游是以森林优美的环境、洁净的空气，吸引游客体验回归大自然的乐趣，进行休闲度假、森林考察、避暑疗养等活动。

府君山上山之路面对的山岭叫大松岭，山上长满了近百年的老松，是天然氧吧，村民称其为松林沐浴园。西井峪村成片的树林很多，最具规模的就是府君山上这片松树林。村民从审美角度为这片松林编纂出许多有趣的故事，根据树木的形态为树起有趣的名字，如情人树、“桃园三结义”树、母子树等。

3）民俗文化型

“一脉相承的乡间民风民俗、宗教文化凭着它们的定势和惯性孕育着当地人的商品意识和价值取向，而朝气蓬勃的现代文化与厚重的历史文化、浓郁的乡土民族文化及海外文化相结合，无疑会给经济灌注强有力的生机，成为旅游经济发展的动力。”[1，2]

乡村民俗旅游是针对我国风俗应运而生的一种乡村旅游开发类型[3]。西井峪村利用农村的特色地域文化和风俗习惯、民俗活动，开设农家旅舍，建立乡村休闲民俗农庄，让游客住农家房，吃农家饭，干农家活，享农家乐，充分享受农村浓郁的乡村风情和民俗文化。

为了让游客充分地体验西井峪村的民俗民风，村民们在每年的中秋前后会庆祝丰收节，举办庆丰宴。村里张灯结彩，举办为期 3 天的乡村市集和歌舞巡演。蓟州区其他乡村的村民都被吸引过来，把自己收获的山货粮食、手工艺品带到集上以合适的价格售卖。泥塑、剪纸、草编等各种非物质文化遗产传承人都在节日期间展示民间技艺。丰收果实宴有煮玉米、蒸红薯、煮花生，还有当地村民自产的水果。西井峪丰收节蕴含着不一样的情感与内涵，它不仅是粮食的丰收季，也是喜悦的丰收季，更是西井峪乡村旅游发展的丰收季，还是西井峪村民找回农民自信的丰收季。

4）综合观光型

田园综合体的建设理念是以乡村旅游为主导，促进乡村振兴。田园综合体是一种新型综合开发规划模式，主要包括产业、景观、生活、休闲、服务等功能，在农业生产区域以乡村农田景观，农业生产工具和农副产品收割、储藏、加工、售卖为主要服务项目；在休闲聚集区形成各种休闲体验的组织体系，比如民俗民风项目；为田园综合体各项功能和组织运行提供服务和保障的组织体系；居住生活带构建以农业为基础、以休闲为支撑的综合聚集平台等[4]。

---

1. 秦永红 . 论道教文化旅游 [J]. 西南民族学院学报 (哲学社会科学版),1995(6):35-38.
2. 孔令宏 . 论道家与道教文化旅游 [J]. 浙江大学学报 (人文社会科学版),2005(6):27-33.
3. 谭伟 . 以发展乡村民俗旅游为目的的京郊旧村改造研究 [D]. 北京：清华大学 ,2005:70.
，. 孙吉浩 . 乡村旅游视角下“田园综合体”设计策略与表达 [J]. 合肥工业大学学报 (社会科学版),2018,32(1):106-110.

为使田园综合服务更好地推动村庄复兴，西井峪村的原乡建设团队在观光农业景区内设置多种项目，为村庄开发了一系列农事体验活动，如山坡野地里放羊、用老石碾子磨玉米面、到村外地头挖野菜，到村头的老广场看露天电影……

在民宿项目中，经营者还组织了多样的田园体验活动，如乡村音乐节、原乡亲子活动、亲子植树游、花艺课程等。这些体验项目既观农园寻田园风光，又乐民俗享乡野风情，同时还利用西井峪村独特的地貌风光搞特色旅游活动。乡村内的特色景观和活动见图 4-62 ~ 图 4-66。

图 4-62 农家晾晒玉米（公众号“原乡井峪”，2019）

图 4-63 亲子植树游（公众号“原乡井峪”，2019）

图 4-64 民宿中的团建活动场地（公众号“原乡井峪”，2019）

图 4-65 乡村音乐节（公众号“原乡井峪”，2019）

图 4-66 木马展（公众号“原乡井峪”，2018）

4.4.2 生活性植物景观

1. 道路植物配置

2015 年，九略团队邀请天津城市规划设计院的设计师田恬带领团队，对西井峪村的景观进行整体提升。设计师使用了代表村庄特点的石头和食物作为景观元素，见缝插绿，把私密、半私密的空间化为半公共、公共的景观。由于村庄的坡度大，土层薄，土层下覆盖着叠层岩，为了防止水土流失和塌方，植物配置中草本植物多选用多年生、耐干旱瘠薄的乡土植物，尽量使道路四季有景。行道树选择尺度较小的乔木，在尺度比例上与狭窄曲折的街巷相协调，用石头砌出种植池，与院墙材质相协调，又与道路形成高低错落的空间体验；种植本土灌木、花卉，与建筑相呼应。街道景观提升前后见图 4-67 和图 4-68。

图 4-67 街道景观提升前（九略旅游管理有限公司，2015）

图 4-68 街道景观提升后（九略旅游管理有限公司，2015）

2. 庭院植物配置

农户在自家经营的农家乐“令游人观乡村田园景色，租农家房，耕农家地，摘农家菜，尝乡村淡饭蔬食，体农家生活习俗，品村野清新，其实也是一种度假型的观光农业。”[1] 乡村庭院是“村民日常的生活场所，堂前屋后背风向阳的小气候、有机物质密集的土地、不同家庭成员力所能及的劳动，使很多庭院成为栽树种果、饲养禽畜、加工生产、商业服务的基地，产生了乡村的特有经济——庭院经济，形成小型动态的产业循环，获得集约的生态、经济和社会效益。”[2] 乡村庭院是乡村景观的重要组成部分，本身具有特色美学价值和经济价值，其多样性给乡村景观添彩，彰显乡村有别于城市的景观魅力。庭院的每一处皆由人、动植物、住宅和环境构成微生态系统，提供良好的物质能量与生存空间，提高人们的生活环境质量。

农家庭院是村民活动的主要场所，设计团队针对不同院落格局对空间、日照、人的行为与视线几个方面进行分析，形成院落景观形态。多数院落种植一些落叶小乔木，夏季可以遮阴，冬季也不会阻碍阳光照射。竖向景观以村中本土藤蔓植物为主，局部搭建遮阴棚架，满足村民日常使用的同时，营造传统村落的乡野韵味（图 4-69 ~ 图 4-71）。

村民周继保家的院子里就种植了许多蔬菜瓜果，如白菜、萝卜、辣椒、西红柿等，既可供日常食用，又可以让游客体验亲自采摘的乐趣。院墙旁种植了一些藤蔓类蔬菜，如丝瓜、豆角等，这些植物，既可以食用又能美化环境、调节庭院小气候。“两棵银杏树”民宿更因为院内的银杏而远近闻名（图 4-72）。

图 4-69 庭院菜地（牛瑞甲摄，2018）

图 4-70 庭院植物（黄磊摄，2018）

1. 徐琴 . 乡村植物景观设计研究 [D]. 长沙：中南林业科技大学 ,2007:27.
2. 国家社科基金后期资助项目，京津冀地区乡村文化景观协同保护研究，2019.09-2020.12.

图 4-71 院落植物（牛瑞甲摄，2018）

图 4-72 “两棵银杏树” 民宿院落（牛瑞甲摄，2019）

周建海在西井峪村生活了一辈子，最自豪的就是他种的果树，院子中大树小树都是老人亲自栽培的（图 4-73）。一进院门就能看到一棵茂盛的日本富士苹果树，很多来这个院子参观的游客都喜欢这棵树龄达几十年的苹果树。除了村中常见的柿子树、核桃树，他的院子里还种植着樱桃树、香椿树、桃树、李树、花椒树、月季等丰富的乡村庭院植物。

农家庭院的植物种植注重春赏花、秋观果，同时结合多种娱乐活动，还放置各种设施，如遮阳伞、户外座椅等。“拾磨”院落布置见图 4-74 和图 4-75。

图 4-73 周建海院落植物（牛瑞甲摄，2019）

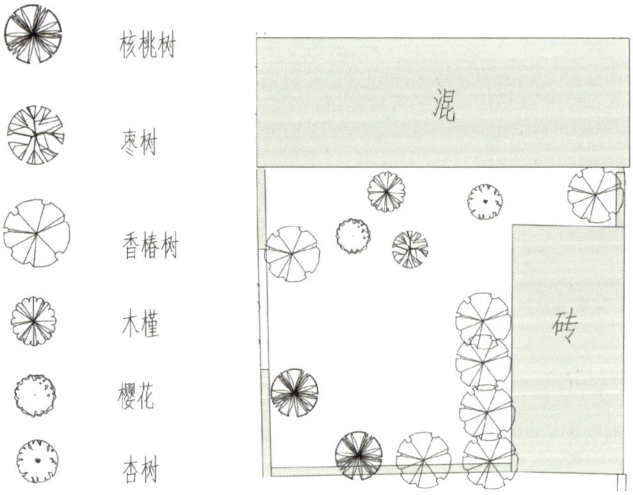

图 4-74 “拾磨”院落植物分布平面图（牛瑞甲绘，2018）

图 4-75“拾磨”院落植物（黄磊摄，2018）

4.4.3 生态性植物景观

1. 黑松林

蓟州地区分布着大量山地，森林旅游不断发展。府君山上生长着成片的百年黑松树，是西井峪村的天然氧吧，主要种类有油松、华山松、雪松、桧柏、龙柏、酬金柏、垂枝柏、凤尾柏等，可净化空气。植物表面的绒毛和褶皱会吸附空气中的粉尘，“每公顷松树林，每年可吸掉 68 吨尘埃。”[1] 其散发的芳香性物质具有杀菌功能。中国人自古喜欢接近松柏，常以松柏寓意高洁坚毅的品质，汉代刘向在《说苑 · 谈丛》中誉其“草木秋死，松柏独存”；唐代诗仙李白在《南轩松》中描写松柏“何当凌云霄，直上数千尺”；杜甫在《古柏行》中赞誉松柏“落落盘踞虽得地，冥冥孤高多烈风”。这片黑松林为西井峪村带来了四季常青的独特景致（图 4-76）。

2. 果林

西井峪村周边山地上覆盖着村民赖以生活的丰富的生物资源。从古至今，人们“在这块土地上从事农耕及培植果树林木，培育了许多有用的经济植物。除农作物品种外，也常见许多优良的乡土果品，如盘山柿、板栗、酸梨、山杏、秋梨、核桃等”。除了一些自然生长的果林，村民为

1. 徐新玥 . 丰林自然保护区生态旅游解说系统研究 [D]. 哈尔滨：东北林业大学 ,2010:39.

图 4-76 西井峪黑松林（牛瑞甲摄，2018）

了丰富物产，还种植一些苹果、秋杏、蜜桃、樱桃、葡萄、桑葚、李子、山楂等。这些资源为西井峪村带来了丰富的物产，提升了村庄生态景观的自然美和植物的多样性[1]。果树的四季变化最能触动人的五感，不同果树与果实丰富的形态、色彩极大丰富了西井峪的植物景观。尤其是柿子树，秋冬之际，漫山遍野黄叶落尽，橙红的柿子高高挂在树上，像点了一盏盏山灯。

3. 落叶林

毛白杨、山杨、沙兰杨、垂柳、圆头柳、槲栎、白榆、槐树、刺槐、臭椿、水曲柳、黑桦、白桦、糠椴、水榆、白蜡、毛泡桐、银杏、沙柳、悬铃木、合欢等都是山里常见的落叶乔木，搭配以臭梅、锦鸡儿、杜鹃、黄花柳、龙爪柳、复叶槭、梨树、暴马丁香、五角枫、月季、黄刺玫、珍珠梅、白碧桃、榆叶梅、海棠花、玳玳花、紫叶李等小乔木和灌木。落叶林的生物多样性远高于生产、生活植物的多样性。这些乡土植物形态各异，色彩不一，漫山遍野，在大自然中茂盛地生长着（图 4-77）。这些植物不仅承担着生态作用，同时也是村落建设的重要材料，可用来建房、制作家具和农具。

1. 赵国明 . 蓟县林业志 [M]. 天津 : 天津科学技术出版社，2015:62.

图 4-77 秋季山野（牛瑞甲摄，2019）

4.5 西井峪的村居设施

山地历史文化名村的保护与居民生活质量的提升息息相关，但“现代化基础设施恰恰成为对山地历史文化名村‘青山绿水相依、建筑环境错落、街巷空间曲折’的整体景观风貌格局冲击的主体。”[1] 基础设施的建设对村落的整体景观风貌影响颇大，保持风貌的完整性对西井峪村的基础设施建设是一项挑战。

4.5.1 生活用水问题

西井峪村的页岩地质条件无法储存地表径流，村庄的饮水问题一直限制着村庄的发展。在 20 世纪末，村庄仍依靠驴车从县城和村庄东侧的大水池里驮水解决基本饮水问题。1997 年，在政府

1. 吕霞，张赫，夏青，等. 山地历史文化名村防灾规划及设施的景观化途径研究 [J]. 城市发展研究，2013,20(7):160-164.

的帮扶下，村庄里重修了饽饽山上 200 m^3 的大水池，政府为各户提供资金修建 30 m^3 的水窖，用机井将水从修好的水池引到各户家里。每年 4 次集中供水，水费为农户 3 元 / 吨，外来住户 4 元 / 吨。当时其他三个自然村还是从山沟里挖的井取水，饮水十分困难。1999 年，村委会终于在水务局争取了一口机井，解决了下庄子的饮水问题。2018 年后，村里开始在各家各户打井，井深达 400 m 以上，村民的饮水问题得到基本解决[1]。

4.5.2 供暖问题

2017 年，“绿水青山”的政策施行后，西井峪村响应国家号召，对 4 个自然村进行“煤改燃”工程。此次施工，村民家中的壁挂炉、与政府修建的管网相连的燃气站都由中燃公司无偿提供燃气。政府对电价进行补贴，目前家家户户在冬季都使用电暖器或空调取暖。煤改燃，不仅解决了西井峪村冬季供暖问题，村民烧水、做饭也更方便了。管道铺设现场见图 4-78。

图 4-78 管道铺设现场（公众号“遇见西井峪”，2017）

4.5.3 道路标识景观设计

“标识是信息传递的媒介，是以文字、图形、符号等形式构成的视觉图像系统。”[2] 道路标识及景观标识具有很强的可识别性。标识体现地域历史特色，与地域景观结合更能深入人心。设计师王成福先生为西井峪设计了乡村品牌以及完整的乡村旅游导识系统，为乡村注入本土的艺术文化气息，通过乡村导识系统传达出西井峪的精神符号。从形式上看，这些标志结合石文化、乡村质朴的材质和乡愁印迹，形成石头村独有的形象视觉符号。对于街巷标识，设计人员则将文字刻在石墙或石头上，使标识与环境相协调。另外，设计师为每间农家院设计专属名字和标志，提升了西井峪村住宿产品的整体品牌形象。从气氛上来讲，景观标识与周围环境气氛同步，丰富了环境的氛围和趣味性；从意境上，其蕴藏的地域、历史特色和人文内涵获得表达，使人不仅对此情此景有所感，还能有所兴[3]。村内的标识系统见图 4-79 ~ 图 4-82。

1.2019 年访谈西井峪村前任书记周维记。
2. 杜可圆 . 地域文化标识设计研究 [D]. 长春：长春师范大学 ,2018:4.
3. 徐卓恒 . 城市景观标识系统设计的探索——以杭州城市标识为例 [J].. 浙江工艺美术 ,2007(2):28-33.

图 4-79 景观标识（牛瑞甲摄，2018）

图 4-80 街道标识设计（九略旅游管理有限公司，2016）

图 4-81 农家院招牌设计 1（九略旅游管理有限公司，2016）

图 4-82 农家院招牌设计 2（九略旅游管理有限公司，2016）

4.5.4 护坡、沟渠等的防灾处理

山地历史文化名村由于自然环境的特殊性，存在着多种灾害的隐患。村庄地形起伏变化较大，依山而建的住宅、农田也随时有可能受到泥石流、山体滑坡等地质灾害的威胁。工程护坡在历史文化名村基础设施处理中是难点，在规划导则的规范下，西井峪的工程护坡采用自然化、隐蔽化的处理手法，运用本土材料、表面材质、地方植被等对不同地质条件采取相应的处理方式[1]。村庄核心区域的工程护坡材料以就地取材的石头为主，与住宅和街巷融为一体。农田等区域以植物、石头等本地材料覆盖和遮挡（图 4-83）。排水沟、井盖等经过自然化处理后，再将排水沟渠连通至各类自然场地分流雨水，使雨水“回渗土壤，滞留绿地，灌满沟渠与池塘，待晴天时蒸发进入空气”[2]。

4.5.5 跃进广场灯光改造

跃进广场是西井峪村最大的公共场地。从前，广场上没有任何照明设施，一到夜晚漆黑一片。“不听话晚上让你去石头广场罚站！”以前村里的大人们都这么吓唬不听话的孩子。后来，为了举办市集活动，乡建团队想到了传统的灯笼。但纸灯笼经不起风雨，一场大雨后就损伤过半，为了能让石头广场长久地亮起来，乡建团队决心把灯笼换成灯。

跃进广场灯光改造项目也是九略公司承办的项目之一。村庄的中心广场是村庄最重要的公共区域，也是大型活动举办的场地，打造中心广场的夜间活力是激发村庄活力势在必行的举措之一。广场的灯光设计见图 4-84 ~ 图 4-87。广场的照明设计采用三叉钢索拉力结构，在节点处悬挂灯体，

图 4-83 护坡、沟渠景观化处理（牛瑞甲摄，2018）

图 4-84 跃进广场的灯（牛瑞甲摄，2018）

1. 吕霞，张赫，夏青，等．山地历史文化名村防灾规划及设施的景观化途径研究 [J]. 城市发展研究 ,2013,20(7):160-164.
2. 蒙小英，张红卫，孟皤磊．雨水基础设施的景观化与造景系统 [J]. 中国园林 ,2009,25(11):31-34.

形成顶光照明。由于三叉节点受拉时为平面，因此非常容易安装。村民首次操作仅用时 3 天就搭建完成，建筑师用微信进行远程指导，此方案安装效率高，且造价极低。灯光照明系统给广场提供了不同亮度的区域，以适应不同的活动需要。

图 4-85 跃进广场灯光效果（王振飞 ,2017）

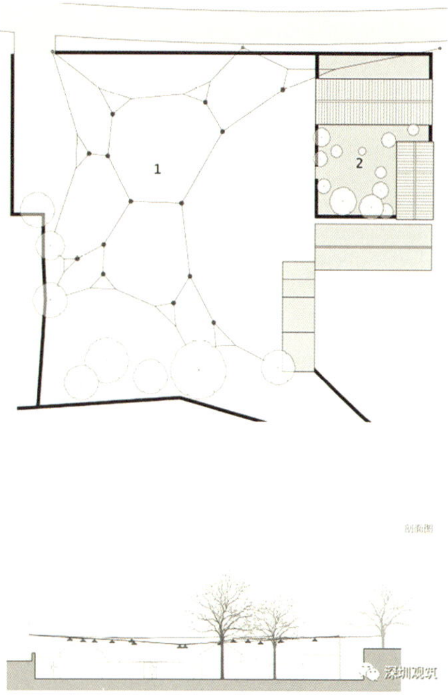

图 4-86 跃进广场灯光设计平面图、立面图（王振飞 ,2016）

图 4-87 跃进广场灯光效果图（组图）（王振飞，2015）

2019 年，为迎接第四届丰收节，村民在跃进广场南部搭建了新的石头舞台（图 4-88），在石头舞台上，村姑秀、旗袍秀、大合唱接连上演。

图 4-88 跃进广场石头舞台（牛瑞甲摄，2019）

4.6 问题及建议

4.6.1 建立整体规划

西井峪村村民自发的改造行动对环境的整体性有较大破坏。一部分老房子年久失修，无人管理；后期改建的建筑色彩和形态各不相同，有青瓦土墙的老房子，也有红瓦白墙的新房子，在材质色彩上难以统一，地域性建筑特征正在消失；游览线路导向和道路分级不明确，指示标识不明显；景观细节设计散乱，景观元素不统一，部分节点存在过度设计的问题。为了建立整体的环境设计理念，在未来的保护性开发中，设计者需通过对村庄地域性元素进行挖掘和筛选，整合优秀合理的形态要素和文化要素，运用类设计的思想建立统一的设计范式，使微观服从于整体。除了依靠村民自我管理，西井峪村的规划建设需要由政府引导，制定整体有效的保护性方针，并由专业人员介入设计。村庄的整体风貌见图 4-89。

图 4-89 村庄整体风貌（唐柯炎摄，2019）

4.6.2 保持生态发展的可持续性

为满足新增住房需求，部分村民占用庭院、耕地等扩大建筑面积，对村庄生态环境有一定程度的破坏；部分村民引进部分非本土植物，如竹子、玉簪等，这些植物的生长状态不佳，与北方山区整体的乡村环境也格格不入。生态可持续发展首先应恢复西井峪的原生生态环境，种植适宜本地生长的乡土植物，运用稻草、枯木、老树、农作物元素等重塑村民和游人的归属感和乡土初心。乡土植物景观见图 4-90。

4.6.3 促进文化发展的可持续性

目前的西井峪村未能充分运用文化影响带动经济增长。盲目地模仿和效仿其他地区的旅游发展经验和单纯以经济价值为导向的乡村发展模式，导致村庄的文化景观逐渐同质化，缺失乡土符号（图 4-91）。一些农家院和民宿在院落建设中，只追求规模的发展；在院落命名中使用“温馨家园”“度假山居”等缺乏主打特色和地方情怀的名称；旅游周边产品形式单一，缺少地域特色。目前村庄的文化景观的保护与发展迫切需要打造地方文化特色、避免旅游业态同质性，应充分利用自然和文化的地域元素，打造地方旅游品牌。

图 4-90 乡土植物景观（牛瑞甲摄，2018）

图 4-91 缺少地域特色的乡村风貌（组图）（牛瑞甲摄，2018）

4.6.4 改善公共空间环境

村内的公共活动区域较少，除了跃进广场外，村内还可以增加民俗体验馆、工作坊、影视或绘画基地等不同的特色聚落，既可以宣传传统文化和传统技艺，又可以将文化效益转化成经济效益。村内基础设施缺失，部分村民的生活需求无法得到保证，给水排水、供热、环卫等方面缺乏统一管理。对此，村内可以根据功能分区和居民需求，因地制宜地制定西井峪村的公共服务设施配置标准，实现公共设施和服务的全覆盖。

西井峪村公共设施现包括东入口一个较大的机动车停车场和西入口较小的停车场，外来车辆可停放。基础设施有诊所、卫生间和超市，但覆盖区域小，数量不足，后期需要调整或增加。村内现无小学，原小学位于村落北部，现已废弃，目前孩子们需到 2 千米以外山下的小学就读。

4.6.5 完善村居设施设备

村内缺乏照明装置，晚上只有村中心石头广场和村委会门前有少量路灯，且光线较为昏暗，影响了人们的夜间活动，降低了人们夜晚出行的概率以及安全感。通过“针灸”的方式，根据不同区域的功能需求，乡建团队完善了道路和公共区域的灯光环境，形成具有地域特点的交互式光环境体验。

在信息为战略资源的时代，信息技术发展的不平衡也是城乡差距拉大的重要原因之一。先进的信息系统能够方便村民的生产生活，使其获得更科学的生产知识、更便捷的生产方式和更先进的经营理念。但由于村庄地理位置相对偏远，村民受教育程度、生活收入等方面处于劣势，既存在难以吸引信息设备投资的问题，同时村民对信息设施的接受和购买使用能力不足[1]。2000 年后，三农问题成为国家战略问题后，行政村基本实现了通电话，有线电视、广播电台、互联网络等基础信息设施建设逐渐完善，村里的年轻人都会使用手机、计算机等设备，但许多老人依然不会使用现代信息设备。

村子注重农民的教育改造，注重农技推广和文化信息服务，建立文化站、图书室等公共信息服务组织；不断提高村民综合素质及村民对现代信息的接受和使用程度；扩大农村信息资源获取途径，借助信息技术，推动农村信息采集及数据库统计；完善地方政策和经济补贴制度，发展信息服务，提高乡村信息接入率，提高信息基础设施覆盖的广度和深度。

1. 于良芝，谢海先. 当代中国农民的信息获取机会——结构分析及其局限 [J]. 中国图书馆学报，2013,39(6):9-26.

第 5 章

西井峪村庄保护更新

乡村是充满互动关系的场所，这种互动表现在村民与游客之间、旅游经营者与村民之间、政府与村民之间、设计师与村民之间等。这种互动不仅关注乡村的到访者如何体验、设计者对乡村情境的感受，而且还关注乡村当地的原住民和经营者面对到访者如何展示他们的乡村智慧。

西井峪村的保护性发展途径对历史文化名村的发展保护与景观规划带来一些启示，乡村建设应该“重构和深度认知乡村文化景观的生态价值和文化价值，强化景观可辨性、保持景观乡村性、增加景观互动性”[1]，保护乡土文化景观风貌，修复和完善现有的乡村生态文化景观风貌。

原来西井峪村村民依靠采石和种植为生。2008 年，蓟县县委、县政府对全县石料厂全部予以关停，并结合京津风沙源治理和义务植树基地建设，分期分批对矿区植被进行恢复[2]。采石被叫停后，村中的青壮年纷纷离开村庄进城务工，西井峪村渐渐成为一座空心村。村庄中人们日益增长的物质文化需求同不平衡、不充分发展的矛盾依然尖锐。规划设计对村庄资源进行了整合，提出了保护性开发的设计原则。九略团队进驻西井峪村后，大刀阔斧地展开了一场主位场域的博弈，从原住民的角度切入，为村里重修了村史、村志，带领团队投入村庄一石一瓦的建设中，赢得了村民的信赖，与村民形成了共同的价值约定和文化诉求，让大山深处不为人知的村落发生了彻底改变。伴随着政府的扶持、企业的进入、民智的开启，西井峪村找到了自己的道路并迅速发展起来。

5.1 发展的开端

5.1.1 传统发展时期

20 世纪 80 年代，西井峪村兴起采石产业，采石厂先是由村集体经营，后承包给个人。许多村民都依靠采石生活，高峰时，这个 100 多户的小村子光搞石头运输的就有 30 多户。自然环境被破坏了，人们的日子却并没有富裕。2008 年，蓟县叫停开山采石，恢复植被，保护环境。可是这样一来，村民们主要的收入来源就没有了。“改革开放以前，村民主要靠种果树和庄稼为生，后来开采石料。虽然赚钱，但却把家门口的山炸得遍体鳞伤，山上的树木受到破坏，村子上空常被一层不洁的灰尘笼罩，村民的生活质量不高。后来，上级部门不让开采了，村民们外出打工，但收入很低。”西井峪村原党支部书记周维记介绍说。

1. 郑文俊 . 旅游视角下乡村景观价值认知与功能重构——基于国内外研究文献的梳理 [J]. 地域研究与开发 ,2013,32(1):102-106.
2. 纪仁言 . 让后花园更加美丽——蓟县人大常委会视察矿面植被恢复工程 [J]. 天津人大 ,2008(7):19.

5.1.2 乡村旅游的开端

20 世纪 80 年代末，乡村旅游在国内大规模发展起来，国内将民俗文化作为一种向外来旅游者展示本土形象旅游资源的媒介之一。郭焕成按区域划分出 5 种休闲旅游类型，并提出地域特色鲜明的村寨可发展民俗体验活动和参与性农业生产活动[1]。黎玲在新型城镇化背景下，提出乡村文化旅游的转型思路[2]。丁初敏等将“微更新”理念融入宏观层面的旅游总体空间发展、中观层面的村落自身更新与改造以及微观层面的建筑特色塑造与文化挖掘中，为民俗旅游村的更新改造带来一些启示[3]。莫利民提出民俗文化旅游发展对策，并提出应做好旅游规划、产品发展、专业人才培养等[4]。徐新建等从人类学角度和乡村振兴的角度分析了民俗、乡土遗产及乡村旅游的关系[5]。研究人员从不同领域出发就文化价值认知进行论述，以多学科交叉研究方法审视乡村文化景观，认为其具有多维度价值，包括生态价值、社会文化价值和经济价值等。

渔阳镇原党委书记张俊和文化站站长章声都是摄影爱好者。2002 年，他们第一次来到西井峪村，就被这座山村古朴的风貌所吸引，之后组织北京、天津 20 多名摄影家进山村，摄影家发现了西井峪村的旅游发展潜力。西井峪村与天津市群众艺术馆建立联系，成立摄影基地，这也是民俗旅游摄影村成立的开端。

当时，村民没有乡村旅游的概念。为了发展乡村旅游，2002 年以后，西井峪村委会每年带村民奔赴发展好的乡村参观，曾去过北京市怀柔区、门头沟区，河北省井陉县，河南省南阳市等地的历史文化名村参观。他们从这些地方带回民间技艺、民俗产品的挖掘方式，发展西井峪的村庄文化。村民当时的积极性很高，但由于村庄基础设施发展不完善，石头房子年久失修，辟出用于经营的房间也只有两三间，许多村民就想拆掉石头房子，盖起面积较大的新式洋房。

2004 年底，在政府的支持下，西井峪建起了乡村旅游的接待站（现党群服务中心），家家户户都让出了一定面积的土地，接待站很快落成。随着旅游业的发展，西井峪人响应蓟县县委、县政府的号召，在渔阳镇党委、政府和天津市群众艺术馆的合力扶持下，基于西井峪村独特的村貌和地域民俗文化，于 2005 年开始打造“民俗摄影村”[6]。民俗摄影村开村时，原蓟县政府领导、摄影家谢海龙和著名民俗学者冯骥才都来参加了开村仪式。冯骥才教授还为村庄题字“西井峪民俗摄影村”，印拓的石头就立在村口（图 5-1）。

1. 郭焕成 . 我国休闲农业发展的意义、态度与前景 [J]. 中国农业资源与区划 ,2010,31(1):39-42.
2. 黎玲 . 新型城镇化背景下乡村旅游转型升级路径研究 [J]. 四川职业技术学院学报 ,2016,26(2):34-36,39.
3. 丁初敏 , 代玉海 , 赵瑞森 .“微更新”理念下日照市山海天民俗旅游村更新与改造探讨 [J]. 规划师 ,2017,33(10):158-162.
4 莫利民 . 基于民俗文化资源的乡村旅游开发研究 [J]. 农业经济 ,2019(10):52-53.
5. 徐新建 , 孙九霞 , 李菲 . 民俗 · 遗产 · 旅游：乡村振兴的实践与思考 [J]. 西北民族研究 ,2020(2):35-52.
6. 传承津卫文化 留住城市之魂——天津市历史建筑及古村镇保护的研究 [J]. 城市 ,2014(1):9-13.

图 5-1 冯骥才题字的西井峪民俗摄影村石碑（牛瑞甲摄，2018）

随着“民俗摄影村”热度的兴起，2004 年渔阳镇文化站站长提出了“五景十坊三十苑”的初步设想。“五景”是指“西崖晚眺”“翠岭锁龙”“万卷石书”“太白仙居”“福山寿水”；“十坊”是十个手工作坊；“三十苑”的基本功能是解决游客食宿。与其他景区不同的是，“三十苑”中加入了民俗的内容，打造村庄的特色，将手工作坊融入进去，同时也具备接纳游客游览、玩赏的功能，游客既可以参与“跳房子”“抓骨节”等传统游戏，也可以亲手摆弄一下屋里屋外陈列的古旧农具、饰物（如纺车、风匣、耙子、烟荷包、木升、木斗等）。2005 年，项目正式实施，村内推进了太白洞、穿云洞等村庄景点的打造工程，发展了十几家民俗农家院进行乡村旅游接待。2007 年，政府开始征收土地，民俗旅游发展停滞。

因为传统石头风貌保存较为完整，2010 年，西井峪村成为天津市首个中国历史文化名村。石头村的人们发现，石头仿佛又有了生命力。靠山吃山，在大山里居住的人还是要依靠大自然。一些村民开始自发搞起了农家院。但由于村庄基础设施不完善，刚关停的石料厂过去已造成了村庄的污染，同时由于西井峪村周边没有集群的旅游资源，没有景点做依托，2015 年这些农家院大部分关停了，从最初十几户农家院，到后来只剩下了两三家还勉强维持。不断有农家院关停，不断有年轻人外出打工，西井峪村又变成了一个缺少生气的留守村庄，村庄的发展陷入困境。

5.2 多方的参与

5.2.1 政府的扶持

从 2003 年以来，国家每年的“中央一号文件”都有关于“三农”问题的意见。2013 年，“家庭农场”的概念首次在一号文件中出现。农业出现了集约化、科技化、一二三产业并行发展的趋势。

从 2014 年的“提倡休闲农业旅游发展”到 2015 年的“研究制定促进乡村旅游休闲发展的用地、财政、金融等扶持政策，落实税收优惠政策”[1]，从“绿水青山就是金山银山”到“城乡共享”“5+2”生活模式，乡村旅游提质升级的发展大时代即将到来[2]。2018 年，中共中央国务院印发了《乡村振兴战略规划（2018—2022 年）》，确保乡村振兴战略落实落地。2019 年，国家自然资源部办公厅印发《产业用地政策实施工作指引（2019 年版）》，保障各种所有制经济平等取得土地要素，规范乡村用地，明确了发展休闲农业与乡村旅游等乡村产业的用地规范。同年，天津市发布《天津市促进旅游业发展两年行动计划（2019 —2020 年）》提出以建设特色文化旅游村为抓手，全面提升乡村旅游品质。

西井峪村庄的传统样貌得以保存得益于一代代村委会的努力。由于乡村旅游的热潮和村民生活用房需求的增长，许多村民都想拆除原来的房子，建新的砖房。因为村子只是保护没有发展，名村保护工作也不能实际改善村民生活，乡建工作进展困难。今天能够看到西井峪村核心保护区保留下来的石头村风貌，离不开几任村干部的努力。他们挨家挨户地说服村民，不断探索适合村庄的发展道路，实际改善村民生活，才使西井峪村的历史文化风貌得以延续。

虽然西井峪村拥有历史文化名村的特殊资源，但由于不得要领，在一段时期内没有得到充分的发展。西井峪村作为目前天津市唯一的中国历史文化名村，受到了天津市政府、蓟州区政府的重视。在机缘巧合下，原渔阳镇镇党委书记张利勇在西井峪村结识了九略旅游管理有限公司李谦的团队。2015 年，结合“绿水青山就是金山银山”的发展理念，为了保护并利用好西井峪村宝贵的历史文化价值，区、镇政府以政府买服务的形式引进九略团队，决定出资 1 000 万元，与李谦率领的专业团队签订三年的委托运营合同，重新打造西井峪。九略团队对全村进行旅游开发，保护好现有资源，避免掠夺性开发，依托农家老宅打造高端民宿和优选农舍，开启了一条传统农家院向精品旅游蜕变的高质量发展之路。西井峪村与九略团队相互带动，九略公司为西井峪村埋下一颗种子，三年间不断发育，为村庄发展探索出一条新的出路；村庄也为企业的发展提供了良好的平台。

政府从购买服务开始，制定一系列政策，当时村里有营业执照的农舍有 20 多家，计划每年改造 3 家农舍，这 3 家由抓阄产生。第一年政府给参与改造的农户改造费用 90% 的补贴，个人花 10%，对农舍进行改造提升，第二年政府给参与的农户提供 30 万元免息贷款，补助 8.1 万元；第三年没有补助，老百姓也做了。民宿的发展让村民看到了收益，纷纷依照样板进行学习。除此以外，2015 年西井峪村成立了由政府、村集体、村民三方组成的乡村旅游合作社，三方按照 1:1:1 的比例配备相应资金，虽说三方出资，实际上是以村民作为主体，通过建立以社会投资为导向的发展性社会政策，建立一个政府、非政府组织和个人的合作机制，形成一股在政府引导下自下而上的发展合力[3]。

1. 张巧玲，许英华，高静，等 . 浅析农机监理如何促进农业安全稳定发展 [J]. 农民致富之友 ,2013(8):174-175.
2. 何岸咏 . 休闲旅游背景下的乡村旧建筑改造研究 [D]. 广州：华南理工大学 ,2016:1-2.
3.2019 年访谈西井峪现任书记周维东。

十八大以来，中国社会正在发生深刻的变革。乡村建设不断进行着生态文明体制改革及保护和修复工程，管理国土空间，修复国土生态，不断调整政府职责以实现国家、国土的管理和社会公平正义的推进。

2017 年，天津市领导入村考察调研，肯定了政府采购第三方服务来规划发展传统村落的方式；原国土资源部领导对西井峪村结合宅改盘活利用宅基地模式给予充分肯定，同时提出抓住宅改和土地入市政策叠加的契机，把村民居住和生活问题解决好，切实维护农民权益，让农民增收、农民满意；湖南省武冈市领导赴西井峪村考察调研，学习借鉴。

2018 年，天津市委市政府领导来到西井峪村，与乡村建设者深入交流，并详细察看精品民宿设计建设情况。天津市领导认可村庄的发展道路，当时对媒体说："西井峪的模式在蓟州区乃至全市可以推广复制。"在西井峪村视察后，领导对周维东书记说："村庄发展首先是保护，保护村庄的历史文化，保护村庄的生态文化。"蓟州区领导在西井峪村开展帮扶攻坚工作并走访低收入户，提出积极推进乡村振兴战略，借助西井峪村当前快速发展的势头，转变工作思路和发展方式，统筹区域整体产业规划；结合实际，大力发展产业项目，努力增加村集体经济收入，拓宽村民增收渠道，使困难群众获得有效长期收益。2019 年中国摄影家协会顾问张桐胜与天津市文化旅游摄影协会常务副主席段铁军入村考察调研。

实施乡村振兴战略要更加注重发挥政府在规划、协调、战略引导和政策等方面的主导作用，这方面市场调节是滞后的、失灵的，政府具有不可替代的作用。但同时要矫正长期以来政府对农业农村的过度干预倾向，减少对微观经营主体的大量投入和决策干预，突破行政主导农村事务的惯性思维，给予市场主体自主决策权利，让市场筛选真正具备自我发展能力的农村经济主体[1]。

5.2.2 志愿者的加入

乡村的发展需要人才的推动，志愿者下乡为乡村建设填补了人才的空白。志愿者为乡村带来丰富的文化生活、先进的农业科技知识、新的经营理念、全面的健康知识。不同阶层、不同职业的乡村志愿者促进了农村产业发展、农民脱贫致富。2013 年由中国文联、中国摄协主办，天津市文联承办，蓟县文化广播电视局协办的文艺志愿者"送欢乐下基层"，宣传了西井峪民俗摄影村的村庄文化，摄影家小分队走访基层先进模范人物和老军人、老党员，为他们拍摄"全家福"。

2015 年开始，在乡建团队的倡议下，志愿者进行了一系列志愿活动，如进村探望老人，为流浪猫准备猫粮，开展乡村讲堂，为乡村打扫街巷，罕见病宣传志愿者为村民科普健康知识。志愿者活动见图 5-2 ~ 图 5-5。

1. 郭晓鸣，张克俊，虞洪，等. 实施乡村振兴战略的系统认识与道路选择 [J]. 农村经济，2018(1):11-20.

图 5-2 志愿者打扫乡村街道（九略旅游管理有限公司，2015）

图 5-3 罕见病宣传志愿者的乡村宣传（原乡团队，2017）

图 5-4 乡村大讲堂（九略旅游管理有限公司，2017）

图 5-5 志愿者为卜静珍过生日（九略旅游管理有限公司，2017）

西井峪村的志愿者很多都是长期志愿为村庄服务的。他们了解乡村，在一定程度上能够真正融入农村，帮助解决农村问题。志愿者的加入为乡村建设注入了新力量，乡村为志愿者提供了施展拳脚的空间。《人民日报》上的一篇文章指出："激活农村志愿者的内生力量，制定和完善有关农村志愿者队伍建设的法律法规和相关制度，为农村志愿者的发育和成长提供坚实可靠的制度保障。除此之外，还应立足长远，重视慈善文化建设，以及公民觉悟、志愿意识、公共精神的养成，为农村志愿者培育深厚的文化土壤，从而塑造出既立足于中国传统优秀文化，又考虑农村农民实际特点，并富有现代慈善文化精神的志愿者队伍"[1]。

5.2.3 企业的投入

在实施乡村振兴战略的过程中，市场的动力是基础性的、决定性的，只有通过市场机制的完善，充分发挥市场在资源配置中的决定性作用，真正激发主体、激活要素，才能调动各方在乡村振兴中的积极性、主动性和创造性，凝聚起全社会支持乡村振兴的强大合力[2]。

1. 九略与原乡

2014 年底，九略旅游管理有限公司（以下简称九略公司）进驻西井峪村，2015 年到 2017 年底，政府每年出资 360 万元用于购买企业服务，与九略公司签订三年的合同，保护并利用乡村宝贵的历史文化价值。九略公司总经理、西井峪乡建工作室总策划李谦率领的九略团队进驻西井峪村后，展开了主题为"传统村落保护和乡村产业复兴"的三年行动规划，这项规划涉及乡村改变的 67 项任务。为了实现"让乡村更像乡村"的目标，在长达三年的规划设计进程中，李谦和他的团队不断整合和吸收专业的设计团队加入其中，包括长期专注城市文旅品牌设计工作的王成福、荷兰贝尔拉格学院建筑学硕士王振飞以及法国国家认证景观设计师田恬等天津本土知名设计师，组建乡建团队，以驻村工作组的形式开展一系列乡村振兴工作。团队完成了"村庄规划""建筑设计指南"，保证了村庄统一和谐的风貌，保护了石头特色建筑的风格，以乡村社区营造、乡村旅游产业迭代更新为切入点，全面提升村庄的人居环境。

"九略致力于为政府及投资方提供旅游项目开发、落地的全程集成服务，包括旅游策研、设计管理与运营管理。"[3] 其重要的工作原则就是不破坏村庄原有的生态生活环境，重在活化乡村；其工作涉及社会、经济、文化等方面，通过旅游开发与运营引导村民在保护传统建筑的前提下改善生活条件、发展旅游业。

"西井峪计划"通过乡村振兴四项基本原则、六大实施路径，探索乡村振兴创新模式。四项

1. 赵秀玲．激活农村志愿者的内生力量 [N]. 人民日报 ,2017-08-21(05).
2. 张克俊．实施乡村振兴战略需处理好八大关系 [J]. 四川党的建设 ,2018(1):68 69.
3. 张天洁，张璐，岳阳．企业介入的传统村落保护实施探讨——以天津蓟州西井峪村为例 [J]. 城市规划 ,2018,42(4):119-124.

基本原则是：尊重乡村、尊重村民，乡村发展主体是村民，乡村发展决策是会商，乡村发展实施是共建。六大实施路径是：社造修复乡村、设计还原乡村、文化激活乡村、产业提振乡村、品牌赋能乡村、营销推广乡村[1]。在 2015 年至 2018 年的三年里，正是这样一项事无巨细的规划，让大山深处不为人知的村落发生了彻底改变（图 5-6 和图 5-7）。

李谦希望“将自上而下和自下而上结合起来，给西井峪带来变革”。所谓“上”是政府和专业团队的合力，所谓“下”是村民和专业团队的融合。2014 年，李谦第一次来到西井峪村，村里的乡村旅游发展正遭遇瓶颈，乡建过程充满着挑战。村民对乡村旅游的固有观念成为推动项目实施的主要阻力，几乎所有的村民都想把老房子拆了，建大房子、高房子，单纯走规模发展的道路。团队在屋内修的卫生间、餐饮的经营等各个方面都与村民原有的经营观念相异，村民也不断质疑着团队的运营理念。村民们的不信任触动着李谦，一番思考后，他终于得出了结论：一切工作应该从百姓角度切入，而不能从设计者的理想切入。为此，团队走村入户，了解民情，从为村民整修族谱、制定村规民约、为乡村洁美做实事入手，一系列接地气的举动让团队逐渐赢得村民的信赖。九略公司首先做的是开启民智，如何让村民认同乡村、找回乡村自信是重点。九略公司让村民逐步认识到老房子就是最好的生产资源，意识到产业升级与转型能够赚钱，使“保护和发展”成为了村民们的共识，改变了原来的乡村旅游发展方式。

图 5-6 设计师与村民共同砌石（田恬摄，2016）

1. 九略旅游管理有限公司，天津西井峪传统村落保护与产业振兴三年行动计划项目介绍。

图 5-7 设计师为村民设计的优选民宿（九略旅游管理有限公司，2017）

在西井峪村的三年，九略团队从乡居的物理空间中梳理出属于西井峪村的文化价值，挖掘出老房子的独特价值；同时注重保护乡村的自然环境，运用拓扑理论和参数化设计将场地分成多个不规则形，避免了破坏场地中的植物，将原来院子中树下的故事也保护起来。村民的观念改变了，大家意识到乡村一草一木、一石一瓦的自然文化价值能够转化成经济效益。团队承租老屋院落，将其建成“网红”精品民宿，带头创建精品民宿示范项目，老屋转化成优质的生产资料与旅游资源，唤醒了村民对老屋的保护意识。现今，各家各户在经营民宿的过程中收益日渐丰厚，离家村民陆续回归，当地村民获得了农民身份的自信[1]。老房子也被保护下来，老树也生生不息，激发了新老村民共同打造优质乡村旅居民宿产品的热情，打造了西井峪乡村旅游品牌，村民更愿意留在乡村，发展乡村。村内民宿见图 5-8 ~ 图 5-10。

在西井峪村的三年建设中，九略团队秉承着“设计改变乡村，设计增进乡村”的理念，挖掘乡村基因，并将它们植根于每一处细微的设计中去，让本土文化的精髓发挥最大作用。团队对村庄广场灯光照明、山地旅游厕所、台地式停车场等不同的公共环境进行提升改造，提炼并汲取西井峪石头基因，设计了西井峪独有的标识系统，还原了乡村原有质朴的风貌与景色，更还原了诸多乡村原有的手工技艺，弘扬了工匠精神，通过优质、精美的设计，为乡村创造价值与闪光点，让中国乡村同样可以受到世界的青睐。

1. 九略旅游管理有限公司，天津西井峪传统村落保护与产业振兴三年行动计划项目介绍。

图 5-8 品质民宿 1（九略旅游管理有限公司，2017）

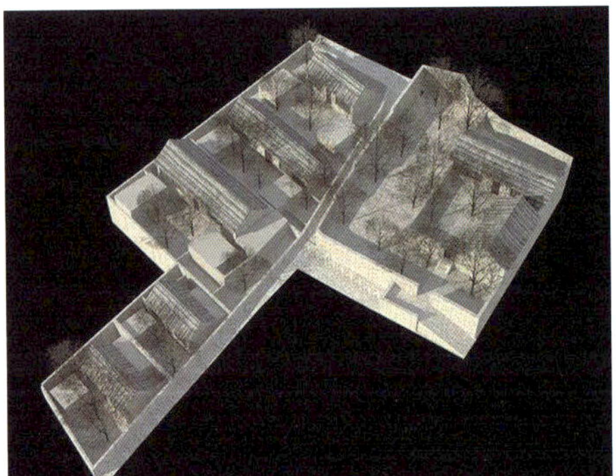

图 5-9 原乡二期民宿设计效果图（王振飞，2017）

团队创建“遇见西井峪”乡村自媒体，借力《天津日报》《今晚报》《中国国家旅游》等主流报纸和杂志，对西井峪村进行专题报道、专刊推广，为提高村庄知名度助力；积极策划了西井峪摄影团竞赛、乡音计划、媒体团拜会等线上线下活动，组织开展了以“废墟 · 重生”为主题的东井峪乡村改造国际景观设计竞赛，使西井峪村逐渐走进国内国际视野。

图 5-10 品质民宿 2（九略旅游管理有限公司，2017）

九略团队与村委会共同开设“乡村讲堂”“美丽乡村游学”，带领 200 多位村民学习考察传统村落更新发展的新理念、新方式；共同修编周氏家族谱系图，共同修订西井峪村规民约，共同组织“百岁老人庆生”活动、村庄环境洁美志愿者活动；挖掘了大量的民俗文化，结合新产业业态，植入乡村阅读中心、村晚市集、庆丰宴百人流水席、传统布鞋美学装置艺术展、乡村民谣诗歌音乐会、皮影坊看戏、放羊挖野菜、牵驴磨磨等文化体验项目，为西井峪村带来了源源不断的客流，促进了乡村的产业振兴。相关活动与媒体报道见图 5-11~ 图 5-14。

图 5-11 跃进广场上的露天电影集会（赵瑜摄，2018）

图 5-12 李谦向准共建人详细介绍原乡项目（原乡团队，2017）

乡村正发生着前所未有的变革，而这场变革需要服务这场变革的人在知识结构、体系和能力上达到相应的高度。西井峪村今天的发展同样离不开为村庄服务的人才。

2

学懂弄通做实十九大精神

在习近平新时代中国特色社会主义思想指引下——新时代新作为新篇章

“石头村”变形记

——西井峪村的绿色发展、高质量发展之路

红色引航 让“民心工程”更得民心

——走进西营门街体验“红色街区”

我市曝光天津港堆场垄断案例

层层压实责任 树正气治庸懒

图 5-13 《天津日报》上刊登的相关内容（九略旅游管理有限公司，2018）

图 5-14 央视拍摄纪录片（周维东，2019）

2. 设计团队的乡村实践

西井峪村的建设与发展离不开乡村设计师的苦心经营，从九略旅游管理有限公司到天津大学城市规划设计研究院、天津市城市规划设计研究院愿景公司、东林筑景公司，再到途牛团队、骏业集团，团队成员尊重西井峪的每一寸土地、每一种文化、每一位村民，反复推敲一砖一石的营造，身体力行地进行乡村实践，他们不只为西井峪提供设计的图纸，更是将长远的发展理念植入村庄智慧中。

边界景观是西井峪村突出的特色之一，天津市城市规划设计研究院愿景公司团队的成员有田恬、褚俊民、肖新红、姚远行，在总设计师田恬的带领下，他们为村庄实现了整体而又变化丰富的石砌边界景观（图 5-15 ~ 图 5-17）。2017 年，“西井峪传统村落保护与产业振兴三年行动计划”获得天津市优秀城乡规划设计一等奖。2019 年西井峪村品牌形象视觉设计获德国 IF 视觉传达大奖，得到《人民日报》等多家权威媒体的关注与报道。经过三年的不懈努力，九略乡建团队激活了乡村内生活力，留下一颗种子，让它生根发芽，三年规划圆满收官。李谦认为：“我们真正要总结的是政府引导专业团队以乡村为蓝本打造孵化器，吸引更多优秀人才来到乡村，真正实现乡村的改造和复兴。”

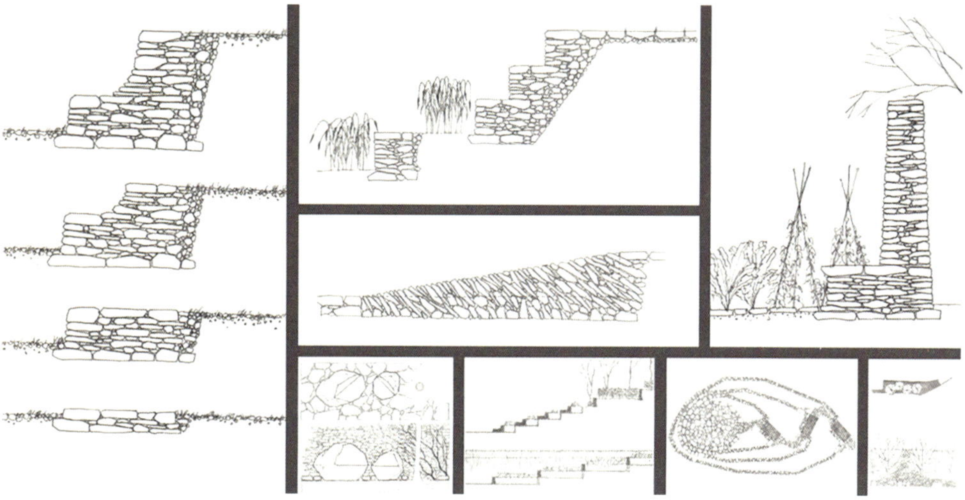

图 5-15 砌石手绘设计图（愿景公司，2016）

图 5-16 设计师与村民共同砌筑（愿景公司，2016）

图 5-17 停车场设计（愿景公司，2017）

3. 电商平台的搭建

2019 年 4 月，南京途牛科技有限公司（以下简称“途牛公司”）走进了西井峪村，与渔阳镇政府和西井峪村委会洽谈后，在政府的支持下，租用村民房屋打造 6 家高端民宿，每家民宿的服务主题和室内外装修效果各不相同，为不同需求的游客提供服务。村庄将运营权交给途牛公司，公司向村庄缴纳一定的运营费用。途牛是中国较有影响力的旅游品牌，其电商平台的搭建对西井峪村起到了良好的宣传效果。途牛民宿见图 5-18 和图 5-19。

2019 年 3 月 15 日，全球最知名的设计奖之一、素有“产品设计界的奥斯卡”之称的 IF 设计奖颁奖典礼在德国慕尼黑宝马世界隆重举行。在全球 52 个国家的参赛者提交的 6 375 件参赛作品中，天津西井峪古村落凭借其乡村品牌形象设计方案脱颖而出，赢得来自全球 67 位评委的青睐，获得传达设计大奖，让中国乡村设计在国际设计界崭露头角。此次获奖的正是负责西井峪三年行动计划的乡村规划团队——由李谦领衔的九略公司，以及天津两位知名设计师王成福、赵俊杰。这也是中国传统乡村设计第一次登上 IF 的舞台，获奖作品方案见图 5-20 和图 5-21。

天津市城市规划设计研究院愿景公司设计师田恬事无巨细地为西井峪村提供了村庄发展的导则，东林筑景的大西井峪规划的提出展现了西井峪村的发展蓝图。九略公司、骏业集团、途牛公司则将设想一一践行到乡村实践中。这些设计团队把美丽的西井峪村还原出来。正是因为专业团队的合作与坚持，传统村落的美才全方位地展现在公众面前，让西井峪村这个非常本土化的乡村有了国际化的设计符号，并最终站在世界顶尖设计舞台之上，让世界读懂中国，爱上中国乡村。

图 5-18 途牛民宿庭院效果图（途牛公司，2019）

图 5-19 途牛民宿室内效果图（途牛公司，2019）

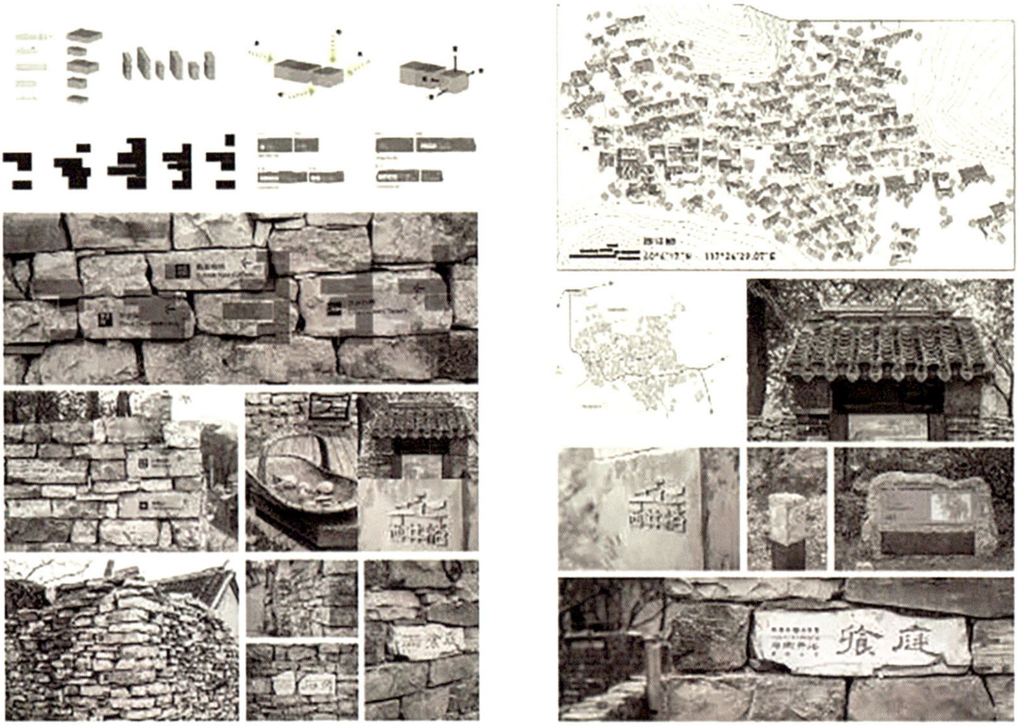

图 5-20 IF 获奖作品 1（组图）（九略旅游管理有限公司，2019）

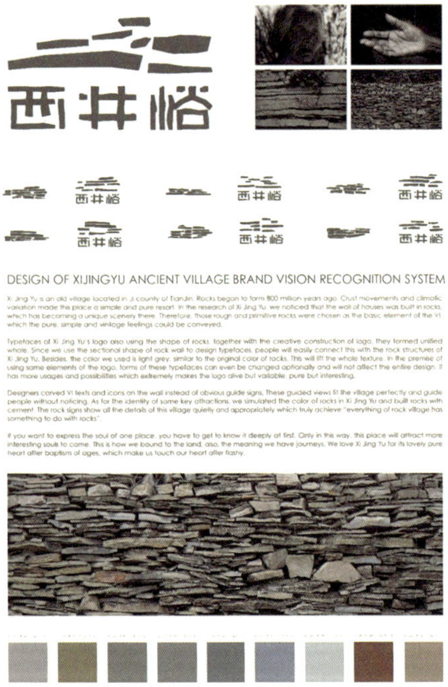

图 5-21 IF 获奖作品 2（九略旅游管理有限公司，2019）

4. 民宿的经营者

根据工作方式划分乡村旅游经营者的具体类型，可以将西井峪民宿服务分为农家院、农舍、民宿 3 种主要形式。在开发旅游的十几年内，村内有近 4 成村民从事旅游服务的相关工作。其中农家院和农舍以村民自营为主，而民宿则由相关旅游公司雇佣村内村民进行经营。涉足乡村旅游的村民采用两种经营模式。开农舍或农家院的村民日常都会待在自家住宅内，为游客打扫房间，采买果蔬，做一日三餐，为游客提供服务。另一部分村民则将民宿经营权交给专门的经营者，自己从事其他职业进行生产活动，如空余时间出来售卖农副产品。村民活动见图 5-22 和图 5-23。

图 5-22 乡亲修路（原乡团队，2018）

图 5-23 售卖农副产品的村民（牛瑞甲摄，2018）

4. 媒体与自媒体宣传

西井峪村本是藏于府君山下默默无闻的小山村，2005 年民俗摄影村开村后，摄影师进山村，村子也成为多部影视作品的取景地，电影《石头说话》、中央电视台音乐电视《为祖国守岁》、电视剧《干得漂亮》等多部影视作品选取西井峪村作为拍摄基地，一时之间这座山村名声大噪，成为京津冀小有名气的乡村旅游地。

西井峪村还邀请视频制作团队为村庄的传统技艺、村庄文化拍摄生活纪实，许多大型报刊、视频网站纷纷来村采访拍摄，村内每年最盛大的节日——丰收节也会在优酷视频、腾讯视频等各大视频网站直播，2019 年第三届丰收节的直播观看量达到上百万次。

西井峪的声名远播得益于自媒体宣传，便捷的掌上阅读使信息的传播速度更快，“遇见西井峪”“原乡”“筑梦西井峪”“印象西井峪”等公众号的单篇文章阅读量能达到千次以上，累计点击量超过 10 万次。推广内容包括村庄风貌、村庄文化、民俗传说、人物传记、民宿运营、活动举办、产品售卖等各个方面，这些公众号的运营更快地传播了西井峪品牌，强化了石头村的历史文化形象，传播了西井峪村的文化和传统技艺，使外面的世界更深入地认识西井峪村。

“两棵银杏树”的经营者周云龙是年轻人，他善于用互联网推广自己的农舍，每天都在不遗余力地推广着自家的品牌“两棵银杏树”。他运营的“筑梦西井峪”公众号深入介绍了村庄的砌石技艺，用杂记的方式记录西井峪的生活。通过自媒体平台的宣传，“两棵银杏树”成为民宿的品牌，主人的收入也大为改观。自媒体宣传正在不断扩大村庄的影响力，也帮助村民走上致富的道路。

西井峪得到《中国国家旅游》《今晚报》、天津电视台、天津日报集团、中央电视台等媒体和单位的竞相报道，提升了知名度，引得《星厨集结号》等综艺节目前来录制，并吸引了一批知名艺人、欧盟委员会中欧经济中心代表等也来此参观考察。各公众号的发文推广情况见图 5-24 ~ 图 5-26。

图 5-24 公众号发文 1（组图）（九略旅游管理有限公司，2020）

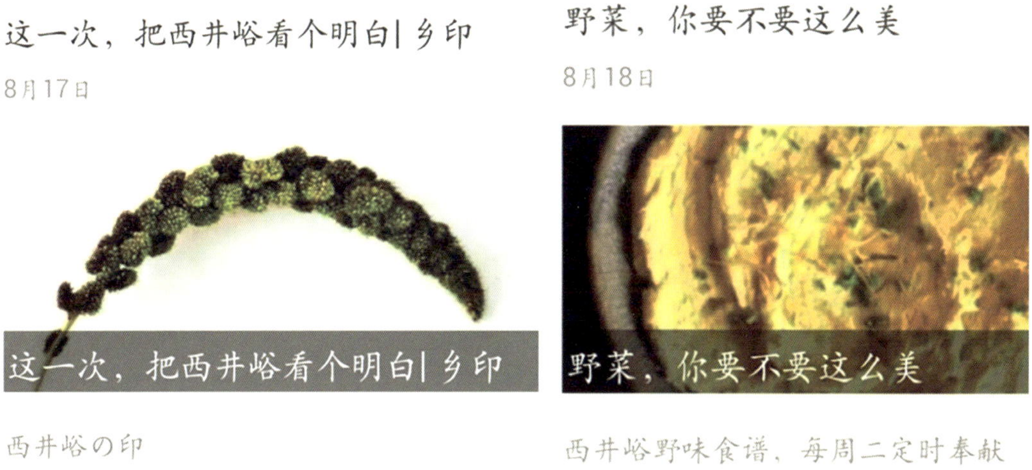

图 5-25 公众号发文 2（组图）（九略旅游管理有限公司，2020）

图 5-26 公众号发文 3（组图）（公众号“原乡井峪”，2019）

5.3 乡村旅游与民宿

2015 年，村内相继出现一定数量的农家院、优选农舍、品质民宿等 3 种类型的旅游服务业态。规划改进了村内的旅游发展模式，村内经营逐渐从粗放走向精致。村内相继打造了 8 家民宿，引入酒店式的经营模式，集中运营管理，成效明显，使西井峪逐步确立了高端民宿产业的发展趋势。

随着西井峪村的名声大噪，探访这里的游客越来越多，从北京、天津、河北各地来的游客络绎不绝。他们或为了一睹石头村的风采，或来体会乡村游玩的乐趣，或在此创作优秀的艺术作品，或追求内心一时的宁静。游客行为调研见表 5-1。

表 5-1 游客行为调研

人群主体	到达方式	年龄层次	游客行为
蓟州城区市民	西井峪村距离蓟州城区中心步行距离为 1 小时，车行距离为 30 分钟，且西井峪村域作为府君山景区的一部分，拥有规划良好的上山路线	老、中、幼	以家庭为单位在西井峪村进行休闲活动，利用假期带着儿童参加一些亲子活动，或者去周围的景区旅游，或者是几个家庭一起组织家庭旅游
		中、青年居多	来到西井峪村主要是放松，有些年轻情侣会选在这里举办婚礼，还有些年轻人会在这里和朋友一起举办生日会
京津冀自驾游客	西井峪村内外来车辆众多，以北京、天津、河北三地车辆为主	老、中、青	艺术家（包括摄影艺术家、画家、作家等）或独自来此创作、或结队组织艺术活动，也有人长期居住在村中
公司团体活动访客	村内多次来往大载客量车辆，会有 10 人以上结伴到访的人群	中、青年居多	选择蓟州区作为团建的地点，在西井峪村周边景点游览，在西井峪村住宿或团建，住宿方面会选择多个小院，可以在这聚会，还会开展一些休闲活动

5.3.1 住宿类型

1. 农家院

农家院是一种展现田园风光、农韵乡情的新型旅游居住业态，近几年来应运而生，颇得都市人的青睐[1]。农家院主要是由当地的居民把自家的空余住宅或现居住的住宅进行翻新或改造设计形成的一种住宿形式。现在西井峪村的农家院一共有 10 家，农家院会提供一日三餐。旅游旺季的时候农家院满客，淡季常有空房。来这里的游客基本上白天到附近的景点旅游，晚上才会回到院里休息。周维合农家院见图 5-27。

2. 优选农舍

优选农舍是由村子的优秀党员户对自己现居住的住宅进行改造设计而成的一种住宿形式。村子中现有优选农舍 8 家。优选农舍之所以能稳定发展，是因为它的住宿环境与卫生条件要好于农家院，主人对住宿空间进行了一定的设计改造，其价格介于农家院与精品民宿之间。一处优选农舍能容纳的人少于农家院，所以在环境上较农家院更加安静一些。此外，优选农舍也提供一日三餐，到了旅游旺季时每个优选农舍都会住满游客。优选农舍室内环境见图 5-28。

1. 马艳霞，王炎．以村野文化内涵塑农家乐旅游核心——浅析重庆市农家乐旅游开发现状及发展趋势 [J]. 西南民族学院学报（哲学社会科学版）,2003,24(4):228-232.

图 5-27 周维合农家院（牛瑞甲摄，2018）

图 5-28 优选农舍室内环境（九略旅游管理有限公司，2019）

在李谦看来，优选农舍最大的价值在于，它建立了城乡纽带。对村民来说，接待城市客人他们可以接触之前接触不到的信息，而优选农舍的改造品质和定价就决定了村民接受信息的高度和广度。对于客人来说，在乡村住宿除了体验独特风景和建筑外，更重要的是了解村民和村民的生活方式。

3. 品质民宿

品质民宿是由公司租赁当地的住宅及宅基地，请专门的设计师进行设计，形成自己品牌系列的一种住宿形式。村内现有的品质民宿包括原乡系列、途牛系列、骏业系列等，目前有 12 个民宿院子。相对于农家院与优选农舍，民宿环境更好，更加安静和私密。品质民宿由设计师专门设计，在功能布局及空间感受营造上更为合理，到了旺季的时候会被提前订满。年轻人的生日聚会、婚礼、公司团建都会选择在品质民宿中举办。品质民宿还会不定期进行试睡活动，邀请客人试住并给出意见，它们会不断改进。品质民宿还会设计一些可供游客玩的项目，不定期举办活动，如采摘、植树、举办画展等。现在的原乡民宿就很多元化，不仅仅有民宿，还有很多附属产品。它们相辅相成，形成了一种良性的经营业态。原乡民宿见图 5-29 和 5-30。

图 5-29 原乡品质民宿室内（组图）（九略旅游管理有限公司，2020）

图 5-30 原乡品质民宿庭院（郝卫国摄，2019）

5.3.2 合作社的成立

优选农舍其实是种衍生物。在最初的“西井峪乡村复兴三年行动计划”中，建设优选农舍是帮助村民改造院落与建筑，并不涉及管理与营销。工作逐步深入后，工作人员发现硬件改造并不能帮助这个村子和村民改变，甚至村民并不知道一个改造后的房子如何去运营。于是九略公司提出了优选农舍概念，即村集体成立合作社，由专业团队管理与孵化品牌，村民自主经营，并建立让渡机制，最终过渡到完全由村集体管理、村民运营。

优选农舍为村民们开辟了一条合作共赢的道路。村民习惯了自己经营，打自己的小算盘，这是现状，但这是做不大的，也是没有未来的。优选农舍要做到合作共赢，采用的是资源共享与利益分享的方式。虽然目前这种模式还有很多问题，但这是发展的方向。

2018 年渔阳镇骏业集团与西井峪村委会合作，成立了旅游合作社。骏业集团是渔阳镇的国有企业，2018 年 11 月正式成立西井峪项目组，由旗下旅游发展有限公司运营，主要负责引资投资，在村庄成立合作社，吸纳上规模农家院、优选农舍和品质民宿进行公司化运营，旨在解放农户劳动力，对这些住宿业态进行酒店式统一管理。合作社的成立使村民的固有认知向符合未来的市场认知转变，使他们学会平衡自主与规则、远见与近利的关系。在企业与政府的不断努力下，至今合作社已初具规模。

5.4 乡村保护与更新

国际上开展乡村景观规划设计方面的研究最早始于欧洲，如德国、荷兰、捷克等国。国内外着眼于乡村旅游的社科类研究较多，形成了相对成熟的乡村文化景观研究体系，为乡村文化景观建设与发展提供了参考和可行性借鉴。众多学者和研究人员立足于我国乡村景观的发展状况，对乡村文化景观规划设计进行学术研究，取得了数量可观的学术成果，同时指导京津冀地区乡村文化景观体系的构建和乡村旅游建设。吴良镛在其《京津冀地区城乡空间发展规划研究三期报告》中面对京津冀地区的新老问题，在区域城乡空间格局、生态文明建设、区域文化体系等方面，提出共同缔造良好人居环境和和谐社会的具体建议[1]。冯骥才在全国政协十二届二次会议上与京津冀三地城市规划行业的专家学者共同探讨传统村落保护规划思路，并提出传统村落保护需要国家作为[2]。2018 年 2 月 4 日，国务院公布的《中共中央国务院关于实施乡村振兴战略的意见》提出了实施乡村振兴战略，坚持人与自然和谐共生。

基于京津冀城镇化以及美丽乡村建设快速发展的社会背景，针对历史文化名村文化保护与研究的乡村规划、建筑营造、景观设计较多，特色文化村落旅游开发道路渐趋合理。

5.4.1 西井峪村历史文化保护规划

2012 年，天津大学城市规划设计研究院制定了西井峪村的保护通则，明确规定了对村庄历史文化资源的保护，提出整体保护的措施，确定了对非物质文化遗产的保护和物质文化遗产的保护相结合和保护与更新、利用、发展相结合的原则。

基于生态伦理在遗产保护层面的思考，规划制定了以翠屏湖和西井峪生态走廊构建西井峪保护区的生态结构，将西井峪规划区作为西井峪生态走廊中重要的生态人文节点和历史文化遗产地进行保护规划。其保护区域见图 5-31。建设团队围绕乡建做了以下工作。

一是“保护蕴含生态人文要素的山地格局，古村在两山之间的历史遗产廊道同时作为‘瞭望与庇护’的景观结构和‘生活生产’的生态廊道，形成西井峪古村历史形态结构的主要轴线，与山地自然环境和谐统一，形成完整的、整体的人文生态系统”[3]。

规划确定了“山—田—村—路”的景观格局，延续了山地的自然环境和完整的人文生态系统；形成“路”的轴线，并与“山—田—村”的轴线垂直，保护村庄的整体环境氛围[4]。

1. 韩冬．钟秀毓灵——北京近郊区乡村景观文化传承研究 [D]. 天津：天津大学 ,2017: 3-4.
2. 王淼．村绕津城——天津近郊区乡村景观文化延续策略的研究 [D]. 天津：天津大学 ,2017:5.
3. 张媛．基于生态伦理的古村保护与发展研究——以天津市西井峪历史文化名村保护规划为例 [M]// 中国城市规划学会．城乡治理与规划改革——2014 中国城市规划年会论文集（14 小城镇与农村规划）北京：中国城市规划学会 ,2014:12.
4. 天津大学城市规划设计研究院，天津市蓟县渔阳镇西井峪村历史文化保护规划说明书。

二是对村庄的建筑现状进行了具体的分类，提出了针对不同类型建筑的整改措施。依据基地现有的规划设计标准，对村中心广场以及两条主干道进行改造设计。另选取村中几处闲置空地，对其位置、地形等基本情况进行逐一分析，定位其功能与主题，形成三个广场和四个游园，选取村中现存的多种类型院落，优化院落景观格局，最终形成“一核、两轴、三场、四园、多院”的景观结构，西井峪村规划控制技术手段见表 5-1。

三是规范村庄的交通网络，为了能加强村庄与外部的交通联系，制定了交通网络体系，对车行系统、人行交通、停车区域都进行了规划布局，提出分级交通网络、生态绿色的交通保护机制和道路铺装设计规范，同时提出“街巷博物馆”的设计方向，将可利用的闲置用地纳入博物馆功能范围，和街巷串联起来，形成网络化的博览参观路线。

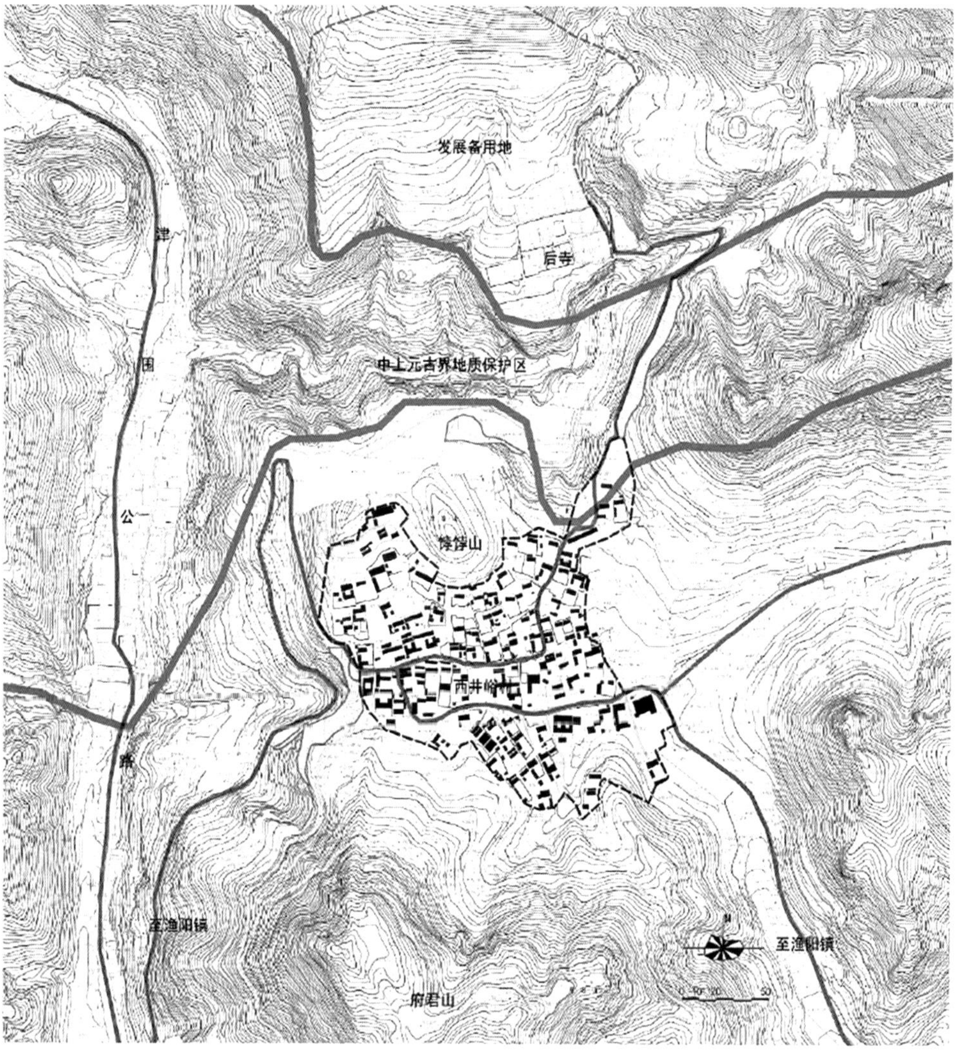

图 5-31 西井峪古村核心保护范围及发展备用地

表 5-1 西井峪村规划控制技术手段（2014 年）

	层次	主要对象类型	规划控制技术手段
1	规划区整体层次	规划结构等	综合性；保护规划总图
2	地段（或用地）层次	地块	限建控制
		西井峪历史文化名村（保护区）及其风貌协调区	保护区划：保护区及其相关规定
3	建筑（或要素）层次	文物建筑	修缮
		保护建筑	修缮
		历史建筑	维修、改善
		传统建筑（与历史风貌无冲突）	保留
		一般建筑（与历史风貌有冲突）	整修、改造、拆除
		历史环境要素（与历史风貌无冲突）	维修、改善
		历史环境要素（与历史风貌有冲突）	整修、改造、拆除

四是着重解决西井峪村基础设施问题，“着重在保护古村历史文化遗产的基础上完善古村内部的基础设施和优化古村的空间结构，改善原住民的生活条件”[1]，对公共设施建设，如路灯、垃圾箱、公厕、标识牌等基础设施也制定了统一标准。

五是对村民房屋居住需求进行了明确规范，外辟新的发展备用地以解决原住民的居住新需求，同时制定相应导则规范发展用地的建设活动，使新区的整体风貌、环境与核心保护区协调统一。

建设团队对村庄非物质文化遗产规划也提出一定的保护措施。面对传统技艺失传的问题，规划提出一系列更新措施，发掘整理非物质文化遗产；对于天津市层面的相关非物质文化遗产，可通过多种方式纳入西井峪村文化体系；强调村民文化活动对非物质文化遗产保护的重要作用，鼓励民俗表演和手工艺培训，与古村特色民俗旅游相结合（农家旅游），为村民提供产业增值空间，调动村民的积极性和参与性。

针对村庄旅游发展，规划团队根据保护生态、人文环境和文化遗产的原则，计算了村庄游客容量控制基线，依据控制容量，结合现有公共服务功能和管理职能进行配套旅游服务点的规划和建设。相关旅游服务设施的选址和建设必须遵守地块开发控制图则的规定。在古村保护区的核心区范围内，旅游开发原则上不增加成规模的餐饮、旅馆等旅游服务设施。旅游容量指标见表 5-2。

1. 张媛 . 基于生态伦理的古村保护与发展研究——以天津市西井峪历史文化名村保护规划为例 [M]// 中国城市规划学会 . 城乡治理与规划改革——2014 中国城市规划年会论文集（14 小城镇与农村规划）北京：中国城市规划学会 ,2014:12.

表 5-2 旅游容量指标（2014 年）

分类	数据	计算单位
古村落保护区面积	13.4	公顷
指标	200	平方米 / 人
一次性游人容量	670	人 / 次
日周转率	2	次
日游客容量	1 340	人 / 日
每年可游天数	200	天
保护区的年游客容量指标	26	万人 / 年

古村保护区内的展示与旅游开发利用设施应根据游客容量加以控制。根据面积容量法计算出的指标是游客容量控制的基础，随着周边配套旅游设施的建设，游人日周转率将发生变化；而随着季节性营销方式的变化，每年可游天数也将相应改变，因此西井峪村保护区的日、年游客容量将以此指标为基础发生变化。按照日周转率为 2 计算，保护区的日游客容量指标为 1 340 人；按照每年可游天数为 200 天计算，保护区的年游客容量指标为 26 万人。保护区的规划见图 5-32 和图 5-33。

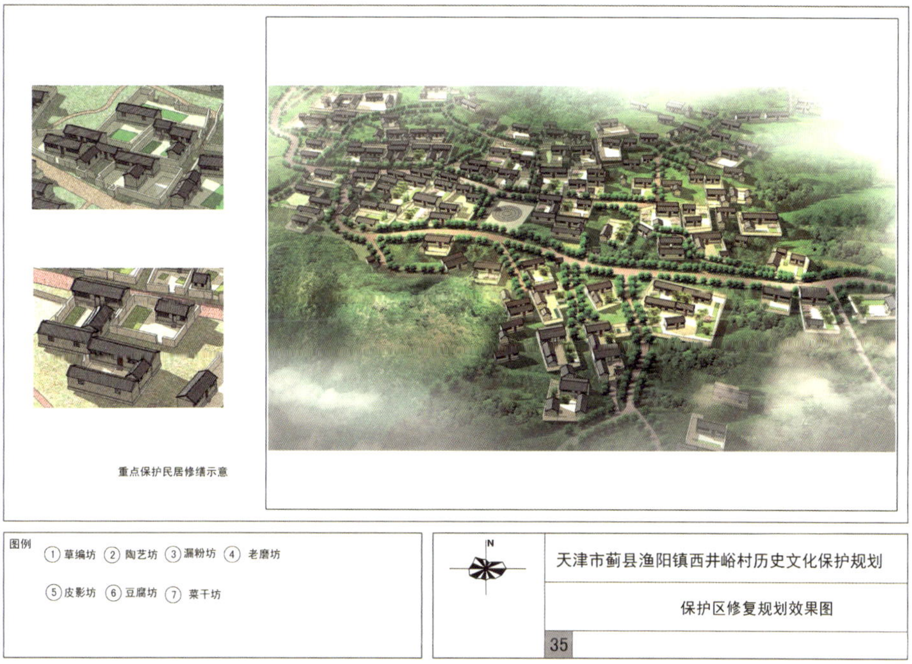

图 5-32 保护区风貌效果图（来源天津市蓟县渔阳镇西井峪村历史文化保护规划说明书，天津大学城市规划设计研究院 .2012）

图 5-33 保护区风貌总平面规划（来源天津市蓟县渔阳镇西井峪村历史文化保护规划说明书 [R]. 天津大学城市规划设计研究院，2012）

5.4.2 “一村一大师”乡村振兴计划

2014 年，愿景公司配合地方政府以及九略公司，先后开展了“西井峪历史文化名村保护规划、西井峪建筑保护和提升导则、西井峪景观研究与提升方案、大西井峪村域公园概念规划的制定工作。[1]

针对西井峪村作为中国历史文化名村，在寻求其乡村建设与乡村复兴道路的过程中，愿景团队摒弃全面铺开、全面建设的简单做法，以探索、渐进的模式在核心保护区 13 万平方米的范围之内选取特色、重点区域作为重点，在深入理解乡村景观内涵的基础上，整理出石砌边界景观不完整和公共设施缺乏的现状问题，发现人们对高品质公共空间和生态、生产与生活三位一体的空间表现的需求，采取“敬畏自然、敬畏乡村，向地方文化学习”的谦虚的设计理念，仅使用代表村庄特点的石头和食物两种要素作为景观元素。就地取材，使每块宅基地的边界与地形地貌、生活需要生动结合，体现了西井峪村景观的核心内容和特色所在，呈现出精致朴素的西井峪村景观，保留了历史文化名村的原有特色，使得传统建造手法和建造工艺得以延续和发展。

1. 李文博 . 未来乡村研究中心挂牌 创新美丽乡村建设模式 [EB/OL].[2019-9-10]. http://www.tj.xinhuanet.com/society/tjqx/20170327/3685788_c.html.

“大西井峪规划”以西井峪村为中心打造特色小镇，往北去是罗庄子镇铁岭子村的矿坑，做矿坑治理，做水系；后寺为高端服务区，打造一崖（鹰嘴崖）一泉（温泉）一酒店；西井峪村建设东井峪村遗址、飞来峰山地运动公园；府君山团组则建设地质公园。

该项目于 2014 年开始，开展建设了 10 处重要和典型节点、20 处宅基地边界景观以及村庄道路和基础设施的提升设计；围绕村民的生产生活及乡村新发展要求，将提高村民生活质量、改善乡村环保措施、丰富乡村生活体验、提升乡村吸引力、留住年轻人在乡村创业、改变城市人生活方式等工作落实到建设美丽乡村、保护古村落的规划工作当中；通过构筑生态宜居的城乡生态环境，实现古村落的华丽变身。西井峪乡村振兴实践基地挂牌见图 5-34。

图 5-34 西井峪乡村振兴实践基地挂牌（公众号“遇见西井峪”，2018）

5.5 仰望乡村的新希望

5.5.1 乡村建设新力量

1. 天津大学 2015 届学生毕业设计

天津大学 2015 届学生毕业设计依据《天津市蓟县渔阳镇西井峪村历史文化保护规划》，从乡村聚落的整体角度出发，完成村庄景观的深化设计；营造理想的乡村景观，以此更好地服务于游客与村民，使其得以体验舒适的乡村生态与文化环境，有益于历史文化名村的保护与日后发展；并通过对国内外案例的横向比较，“根据文化主题在色彩和形态上的特色设计出环境识别码”[1]，

1. 施俊天 . 新农村文化建设背景下的寺平古村景观文化设计研究 [D]. 苏州：苏州大学 ,2009:32.

探索传统文化景观新形式。

毕业设计成果见图 5-35 ~ 图 5-37，学生们以“石”的景观形态为主线，融入梯田田埂的景观意象，来完成村内现有开放空间的新功能定位与文化植入，如中心广场、西崖远眺等；建立主

图 5-35 2015 届学生毕业设计——西井峪村庄景观设计（游览路径）（董小雨绘，郝卫国指导，2015）

图 5-36 2015 届学生毕业设计——西井峪村庄景观设计（中心广场设计）（董小雨绘，郝卫国指导，2015）

题游园，以生态展示的概念使村民与游客两条脉络相互连结共生；将西井峪村因石而生、因石而居、因石而乐的古朴遗风特色加以强化，重塑村中以石筑居的历史记忆；同时加入生态乡村的理念，对村内游园中的干枯秸秆、杂草、菜秧、菜叶、落果等进行农田固废处理，使用生态技术，设计拦水沟、小型蓄水池和沉砂池，以应对水土流失等一系列山林景观问题。

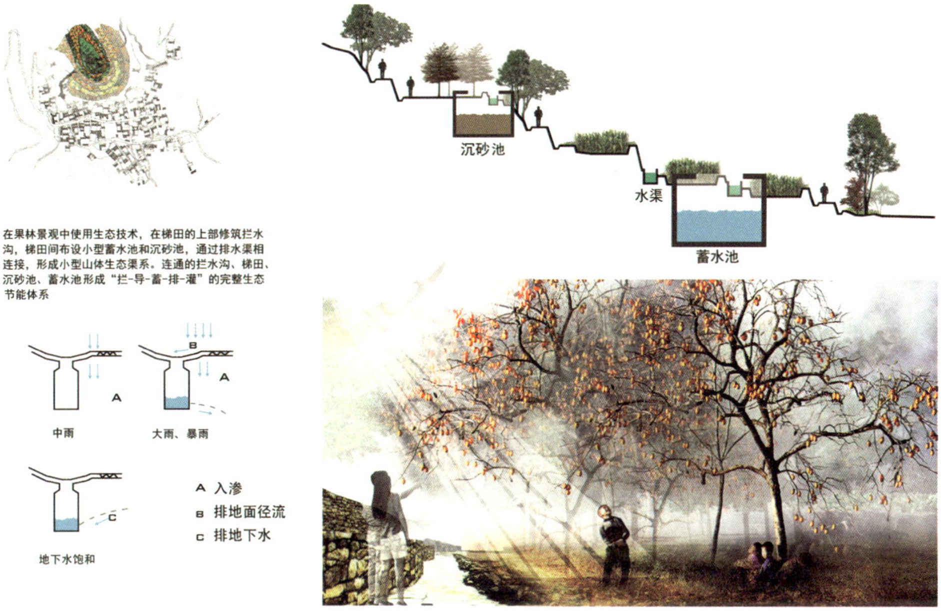

图 5-37 2015 届毕业设计——西井峪村庄景观设计（生态设计）（董小雨绘，郝卫国指导，2015）

2.2019 年四校联合毕业设计

2019 年四校联合毕业设计由天津大学建筑学院联合哈尔滨工业大学建筑学院、大连理工大学建筑与艺术学院、内蒙古工业大学建筑学院共同举办，以“仰望乡村”为主题，旨在挖掘“乡村振兴”的时代内涵与现实意义，认识新时代背景下乡村发展的巨大潜力和环境设计的专业价值；在城乡统筹发展的前提下，为探寻乡村真正的价值与诉求，四校进行本次联合毕业设计——天津市蓟州区渔阳镇西井峪村环境更新设计。

设计要求结合天津市蓟州区渔阳镇西井峪村的历史背景、建筑状况、生态系统、空间格局等从宏观的角度对基地进行整体定位，并在尊重现有环境资源条件的前提下，以此村落内部所涉及的整体景观格局、人群活动空间、建筑内外空间为设计研究的对象，进行村庄环境的整体改造设计、院落改造设计或室内改造设计，实现人居环境品质的提升。

联合设计在乡村更新发展中乡愁失忆的大背景下，构建一套乡村记忆找寻策略，整合不同记忆的发生途径、人群、载体，对“干砌石”工艺、皮影艺术、草编工艺等进行一系列融合与重组，将其嵌入具体的乡村景观更新模式中，以重拾西井峪村乡土记忆为出发点，促进人与人的交往，提升街巷活力，从而进一步推动西井峪村各项事业的发展部分。设计成果见图 5-38 ~ 图 5-40。

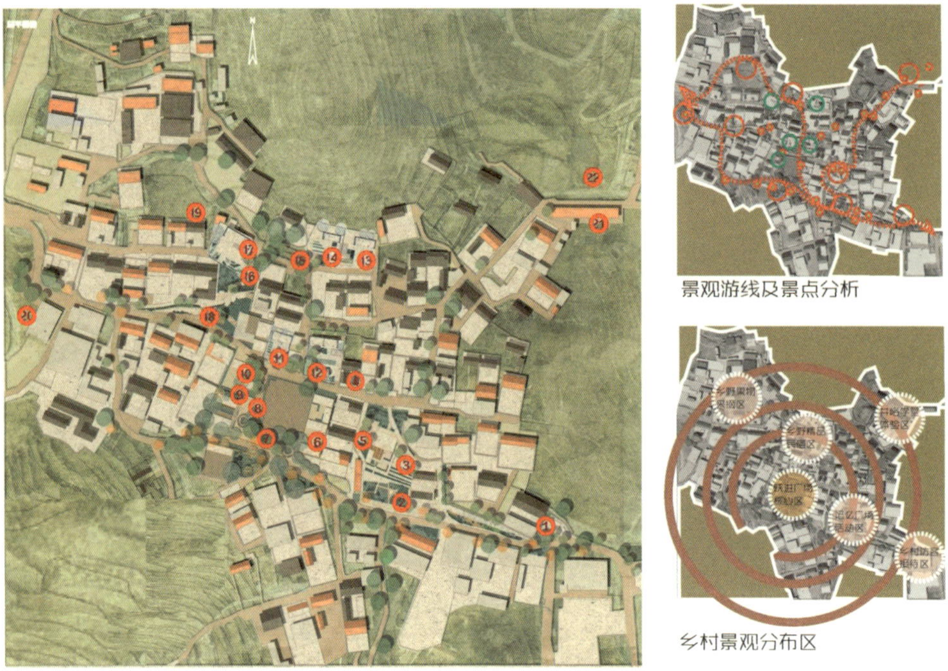

图 5-38 2019 年四校联合毕业设计——西井峪村庄总体规划（李函阳绘，郝卫国指导，2019）

图 5-39 2019 年四校联合毕业设计——西井峪村庄街巷设计（王小涵绘，郝卫国指导，2019）

图 5-40 2019 年四校联合毕业设计——西井峪村庄室内设计（吴苗苗绘，郝卫国指导，2019）

5.5.2 乡村建设新计策

1. 保存乡村记忆

以前很少有文献记录西井峪村，自从 2010 年其被评为中国历史文化名村后，越来越多的学者开始关注这座藏在山中的村庄，对乡村的历史文化、民俗民风等进行挖掘记录，从地质学、民俗学、建筑学、设计学等理论角度为乡村建设建言献策。文献记录对村庄文化的传承有重要作用，通过收集和整理村庄相关的文献资料，如民间文书、公文档案、口述资料等多种类型的素材，可使后人通过文献了解村庄“发生、发展、演变、地位、性质、结构、功能、移风易俗、风俗与社会控制的关系、风俗与政治教化的关系”[1]。有关西井峪村的文献见表 5-4。

1. 张勃 . 民俗学视野下历史民俗文献研究的意义 [J]. 民俗研究 ,2010(2):151-161.

表 5-4 西井峪村相关文献

时间	期刊	作者	文献名称	主要内容
2013年	《城市发展研究》	吕霞 张赫 夏青 叶青	《山地历史文化名村防灾规划及设施的景观化途径研究》	以天津西井峪村为例，从规划和景观两个层次，剖析了安全、景观和保护三者协调的规划保障和空间基础，并通过建设实践的反馈，制定了一系列不同层次、级别的防灾措施和历史建筑修缮的景观化处理策略
2014年	《城乡治理与规划改革——2014 中国城市规划年会论文集》	张媛 陈天 臧鑫宇	《基于生态伦理的古村保护与发展研究——以天津市西井峪历史文化名村保护规划为例》	通过对天津市西井峪历史文化名村保护与发展的探讨研究，引入生态伦理思想，确认人与自然之间的道德和价值关系，延续生态系统的整体性、平衡性、发展性等特性来实现古村的历史核心价值
2014年	《小城镇建设》		《石头的森林——西井峪村》	介绍西井峪村的概况
2015年	《小城镇建设》		《天津西井峪村传统村落保护项目扎实推进》	介绍西井峪村保护项目的推进情况
2016年	《新建筑》	李长虹 李小娟 吕永泉	《基于拓扑建模的历史文化村镇聚居空间再生机制研究——以天津西井峪村为例》	运用空间拓扑学的基本原理和软件平台对其空间样本进行空间拓扑建模，并分析计算得出包括空间整合度、可理解度等在内的一系列客观数据。通过量化研究，深入挖掘历史文化村镇空间形成的自然法则，提出自组织机制在维系传统聚居空间长期可持续生长的同时，也塑造了历史文化村镇空间风貌的独特性和唯一性
2016年	会议论文	肖琳琳 王军 康渊	《“山地石头村”民居地域适应性营建智慧分析——以天津市蓟县西井峪村为例 》	研究从村落结构、院落布局方式以及建筑单体三个层次入手，分析了西井峪村民居具有依山就势、与自然相融合的整体布局特征、自由灵活的合院式院落布局方式以及以石材为主的建筑结构特征，最后总结了西井峪村民居对环境的地域适应性营建智慧
2017年	《建筑与文化》	柏雅雯 李世芬 于璨宁	《西井峪村石聚落形态及其旅游开发策略研究》	文章基于实地调研，从村落布局和典型民居样态等方面对西井峪聚落进行解析，提炼出其形态特征和生态营建技巧。文章提出以体验式旅游为导向的开发策略，并建议东、西井峪形成一体化旅游开发体系
2017年	《建筑与文化》		《探秘体验 走进石头的世界》	介绍西井峪村景观及生活场景
2017年	《中国工会财会》	晓然	《中国传统古村落之西井峪村》	通过对西井峪村实地调研，总结村庄概况、自然景观、建筑风格、民俗特色等
2017年	《2017 城市发展与规划论文集》	齐童 曹圣婕 张四朋	《“城市双修”理念下传统村落更新改造——以天津蓟州西井峪为例》	本文将“城市双修”理念融入传统村落的更新与改造过程中，以天津蓟州西井峪村为例，从功能结构、道路交通、生态景观、传统文化和基础设施五方面进行探讨，为传统村落“城市双修”规划策略提供借鉴与参考

续表

时间	期刊	作者	文献名称	主要内容
2018年	《中国建筑教育》	张璐	《社会资本下乡后村民怎么说？——以天津蓟州传统村落西井峪为例》	本文以西井峪村为例，梳理现状问题，剖析九略公司与村民利益之间的关系，尝试揭示乡建背后的资本动机与运作逻辑；提出乡建不仅要提升环境，还需要明确村民的主体地位、健全村民自治组织、规范资本进入乡村的途径与权益等
2018年	北京工业大学学位论文	李晨曦	《传统村落保护更新视角下蓟州西井峪村民宿化改造探究》	通过天津蓟州西井峪村的实际民宿改造项目，展开对于建筑的社会性、真实性的探讨，并提出在传统村落保护更新中，利用建筑社会属性中的模仿性，设计出可被周围村民模仿的建筑表现手法与施工技艺，并引导周围村民进行符合传统村落空间、风貌环境的自主性营造活动，来达到村落自我保护、更新的目的
2018年	大连理工大学学位论文	柏雅雯	《蓟州山地型聚落形态及其更新研究》	对蓟州山地型聚落进行“规划布局”“空间特征”“典型聚落与建筑形态”三个层次的解析，建立民居类型体系，评估价值并提出更新策略
2018年	《中国园林》	齐羚 马梓烜 郭雨萌 刘加根 宋志生	《基于微气候适应性设计的天津市蓟州区西井峪村山水格局分析》	以沟谷型的西井峪村山水格局为研究对象，对其微气候环境进行基础调查研究和数值模拟分析，研究风、湿、热等微气候要素与村落山水格局间的耦合关系和相互作用机制，总结山水空间布局、形态、坡度、坡向、海拔等山水格局特征类型，并研究其与微气候因子之间的量化关系与规律
2018年	《城市规划》	张天洁 张璐 岳阳	《企业介入的传统村落保护实施探讨——以天津蓟州西井峪村为例》	在振兴乡村的国策下，传统村落保护的推动主体逐步转向多元，包括地方政府、企业、规划师和村庄规划委员会、村民等。在多元主体参与的新模式下，如何发挥和协调政府、村民的内在动力和民间的外在助力，是传统村落保护需要探讨的问题

2. 故乡氛围重建

沈从文笔下的湘西、贾平凹笔下的清风街、莫言笔下的下田村等在文学作品中以想象重构的方式诗意地再现了乡村生活的场景，人们在乡村物化的符号中，寄托了特殊的情感。乡村中的庆典、集会是浪漫的“集体狂欢”。这些记忆和想象组成了人们心中的故乡。五千年传承下来的农耕文明让人们对泥土依旧怀有深深的眷恋，人们回归家园的情结依旧牢系在乡村土地上，“久在樊笼里”的人们希望从原始的风貌中寻觅到“复得返自然”的情感归属，获得诗意栖居。

乡村的地域特征建立在人们对公共空间共同认同和依赖的基础之上，周边环境、乡土植物、构筑物、农民的生产生活用品是最让人认同的乡村意象元素。壁画、灯笼、动物、手工制品等是微观的意象元素，共同构成了西井峪村的乡土氛围。这些最常见的乡村情景具有不可复制的在地特征。故乡情景的重建也需要立足于承载这些归属感的符号元素上，从整体氛围的营造出发，营造地域性文化氛围；避免运用非在地的或情绪倾向不同的象征元素从总体上破坏乡村的原始性，影响乡村生活的在场体验。

当地页岩的砌垒、不加装饰的木材搭建和单纯的色彩营造了质朴的氛围；春夏秋冬植物的色彩变化，自然声音、光影变化是村庄质料的“在地”表现。枝头红彤彤的柿子，街巷中农家饭菜的香气、山上的风、喜鹊的叫声、皮影戏的打唱声等诸如此类的质料表现，形成西井峪村独有的故乡氛围。

3. 生态文化激活产业

乡村是农民们祖祖辈辈生活的家园，是包含了农业文明智慧的生态之地，也是人类走向生态文明最重要的财富。乡村的生活智慧、躬耕传统、民俗民风、传说典故、传统技艺、节庆习俗、餐饮文化、建筑文化都展现了乡村的生活情趣和生态文化价值。从一定程度上讲，乡村生活就是乡村文化。为了使村庄基因得以延续，结合新时代的精神，第三方介入帮助乡村提升文化基础设施，完善公共文化服务，丰富文化产品，营造文化氛围，充分利用乡村的生态文化资源，推动文化产业建设。

生态文化的产业化是乡村生态文化资源可持续发展的重要动力。当乡村的风物、生活方式转化为具有经济价值的文化产品，促进文化消费，改善村民生活水平，就能使生态文化持续发展；让村民认识到乡村生态文化的价值，就能激发其保护与发展的热情。艺术及技术的介入，能够为乡村文化产业化开辟更广阔的市场。

4. 社区营造参与共建

“改善乡村治理的任何努力都不可能脱离‘乡土中国’熟人社会或半熟人社会这一历史基础及其演变。”[1] 乡村的大部分事务都由乡村自身内部消化，村民参与社会治理有利于培养村民的责任意识和参与规划的积极性和主动性。村民自下而上的认同和信任能够使乡村发展更具内生动力。但同时，村民的认知具有局限性，需要宏观的政策引导和知识补充。以前政府单一的治理模式缺乏对乡村的本土认知，因此逐渐产生了“政府导控 + 村民自治”式的乡贤治理、第三方非营利组织共同参与等多样的治理模式。

政府、企业、设计师、志愿者、旅游者等多种社会角色参与到乡村建设中来，在此过程中与

1. 郑茂刚 . 中国乡村治理的演进 : 特征与影响 [J]. 遵义师范学院学报 ,2007(3):10-12.

原住民形成共同的生活认知。这种参与方式，形成了一个均质的社会整体，各方情感交流已经没有障碍，形成了尊重“在地”乡土的内生逻辑，使村民重拾文化自信，形成“自下而上”的自发性乡村共建，证明合作治理是一种历史趋势。

后记
POSTSCRIPT

西井峪村过去的发展道路确实经历了一些波折。面对基础设施的落后、村民对发展道路的不理解，九略团队、途牛团队、骏业团队和设计院的设计师们，为西井峪村带来了新的希望，将自上而下的政策和自下而上的需求结合起来，给西井峪村带来变革。

“养在青山人未识”的石头村一跃而成了京津冀“网红”打卡的乡村旅游胜地。今天西井峪村的变化，是引进现代文明带来的变化，也是非常得人心的变化。家乡的父老乡亲、小院小屋、田园风光，家族的历史传说，发生在村子里的亲情、友情、爱情故事，都让我们在这座村里找到了自己的乡愁。我们保护历史文化遗产就是守护家乡血脉，延续这段记忆，发展旅游，就是为了让我们的父老乡亲生活得踏踏实实。村子的发展满足了百姓日益增长的对美好生活的需求，石头的老房子、灵巧的手艺、山里的美食、美丽的大自然抚慰了现代人漂泊的心灵，给生活在城里的人一个踏实的根。

在乡村的这两年，我也发现了乡村发展的一些问题，十九大提出乡村振兴战略，农村逐步走向现代化，但乡村却越来越不像乡村，石头房子变了，传统技艺也无人传承，民宿的发展与村民生活也产生了矛盾，到底如何才能让这座历史文化名村的灵魂与基因都得到传承，依旧是值得继续探讨的问题……

回想起三年间，为了完成这本书，我们买书剪报，收集资料，在网上关注与西井峪村相关的图文信息，经常会有新的发现。在认真调查的基础上，我们广泛集中群众智慧，通过召开专题会议、听取村镇意见、访谈走访、收集问卷，征求村委会、设计院意见等形式，充分论证，不断完善修改书稿。课题小组亲身践行乡村振兴的理论与实践，保护传统村落。但西井峪乡村文化景观是个复杂的系统，尽管我们做了最大的努力，但仍不能尽善尽美地对乡村景观相关内容进行总结。鉴于我们知识水平和总体把握能力的限制，本书只是对乡村振兴部分内容的总结，写作中也遇到了一些困难，还存在一些问题和不足。

在编写此书的过程中，我们先后十多次组织天津大学的师生前往村里调研、访谈，邀请哈尔滨工业大学、大连理工大学、内蒙古工业大学的师生参与西井峪村村庄调研和乡村景观提升的项目。我们在一起讨论调研分析中遇到的问题，交流分享设计的心得，分享一起成长的快乐。我本人（郝卫国副教授）在城乡景观设计与保护方面经验丰富，为乡村的规划建设提供了理论支持与技术帮助；于坤老师在乡村视觉设计方面进行了研究；牛瑞甲是2018级设计学研究生，承担本书主要的资料收集和整理工作，参与过村庄景观的规划设计；赵润梓是2019级风景园林研究生，承担了部分资料的整理工作；牛瑞甲、朱雅晖、闫小杰、谢明君、肖颖、吴赢利、侯宇、王少威、杨岳帜、赵润梓、汪硕等同学参与了村庄院落景观及室内设计。在调研过程中，我们吃住在乡村，春夏秋冬、寒来暑往，为本书的完成付出了艰辛的努力。

本书还得到了天津市规划资源局蓟州分局和西井峪村委会等多方大力支持，相关领导为我们提供了调研帮助；周维东书记在我们调研设计的每个阶段都提出思路上的指导意见，在我们与乡镇的联系与沟通中做了大量工作，并在生活上给予关照；原西井峪村书记周维记先生、周荣华先生提供了村庄丰富的原始资料。黄晶涛先生、李谦先生、王振飞先生、田恬女士及原乡的运营者和公众号的工作人员为我们提供了诸多帮助，热情的老乡也帮助我们了解村庄，让我们体会到乡建的美好。

天津大学建筑学院环境设计系董雅教授、邱景亮教授、陈学文教授等诸位老师为课题开展提供了帮助与指导，董小雨、王小涵、李函阳、王昊旻、吴苗苗、张乾、黄磊、唐柯炎等同学提供了富有创意的图纸与丰富多彩的照片。天津大学出版社的朱玉红认真而富有成效的编辑工作，使本书得以顺利出版，在此一并致以诚挚的谢意！

郝卫国

2020年4月6日

于天津大学海棠季

图书在版编目（CIP）数据

以石入画：天津市蓟州区西井峪村的自然、文化、聚落与更新 / 郝卫国，于坤，牛瑞甲著. -- 天津：天津大学出版社，2020.11
ISBN 978-7-5618-6830-0

Ⅰ. ①以… Ⅱ. ①郝… ②于… ③牛… Ⅲ. ①村落－保护－研究－天津②村落－旅游资源开发－研究－天津
Ⅳ. ① K922.1 ② F592.721

中国版本图书馆 CIP 数据核字 (2020) 第 228928 号

Yishi Ruhua：Tianjinshi Jizhouqu Xijingyucun de Ziran, Wenhua, Juluo Yu Gengxin

出版发行　天津大学出版社
地　址　天津市卫津路 92 号天津大学内（邮编：300072）
电　话　发行部 022-27403647
网　址　www.tjupress.com.cn
印　刷　廊坊市瑞德印刷有限公司
经　销　全国各地新华书店
开　本　185mm × 260mm
印　张　13
字　数　374 千
版　次　2020 年 11 月第 1 版
印　次　2020 年 11 月第 1 次
定　价　99.00 元